絶対に挫折しない日本史●目次

第一部　通史編

第二部　テーマ史編

まえがき　人はなぜ日本史に挫折するのか

日本史教科書がつまらない理由

この国には歴史ファンが多い。NHKでは毎年、大河ドラマが放送され、ほぼ高視聴率を獲得している。今も司馬遼太郎や池波正太郎といった歴史小説には根強い人気がある。「好きな歴史上の人物」や「最強の武将」は誰かという話題で盛り上がったことのある人も多いだろう。

しかし坂本龍馬や織田信長は好きでも、原始時代から現代まで通史としての日本史に造詣が深い人はどれだけいるだろうか。学生の頃、歴史教科書を頭から最後まで読み通せた人はどれだけいるだろうか。決して多くないと思う。

書店には「わかりやすさ」をアピールする日本史の本が膨大に並ぶが、それは歴史に苦手意識を持つ人がたくさんいることの証明だろう。

なぜ人は日本史に挫折してしまうのか。

まず覚える人名や用語が多すぎるのがよくない。高校生が大学受験のために使う『日本史用語集』には、「学習に必要と思われる用語」が何と1万700も収録されている。[1]必ずしも全ての用語を覚える必要はないが、あまりにも多すぎる。

しかも歴史教科書には大したヤマもオチもない。特に古代史や中世史では、権力者の歴史ばかりが延々と説明される。[2]

同じことを平成史でしたら怒られるはずだ。

未来の教科書の「平成時代」欄を想像してみよう。「2009年の衆議院総選挙で民主党の鳩山由紀夫内閣が成立したものの、金銭スキャンダルや普天間基地移設問題で支持率が低下し、後任には菅直人が指名された」というように、ひたすら内閣の移り変わりが描かれたらどうだろうか。

1 『日本史用語集　改訂版A・B共用』山川出版社、2018年。

2 たとえば「嵯峨天皇は、810（弘仁元）年、平城上皇の復位と平城京への復都を企てて失敗した藤原薬子の変（平城上皇の変）をきっかけに、政務上の機密事項をまもるために蔵人頭をおき、藤原冬嗣をこれに任命した」といった具合だ（五味文彦・鳥海靖編『新　もういちど読む山川日本史』山川出版社、2017年）。

後世の人々は、平成を非常につまらない時代と勘違いするのではないか。実際の平成はもっと楽しい31年間だった。『ONE PIECE』や『名探偵コナン』の連載が始まったし、何よりもインターネットとスマートフォンの爆発的な普及は平成人の生活スタイルを一変させた。

2016年に『サピエンス全史』という本がベストセラーになった。[3] 最大の魅力は、固有名詞に頼らない形で歴史叙述をしている点だと思う。しかも「虚構」を共有することで人類が発展してきたという、わかりやすいストーリーラインもある。[4]

同書を読みながら考えた。同じように日本史も描けないものかと。しかもできるだけコンパクトに。

---

3 ユヴァル・ノア・ハラリ『サピエンス全史』河出書房新社、2016年。ただし上巻で脱落した人が多いことで有名。

4 ホモ・サピエンスは動物と違い、目の前にいない人や物について考えることができる。国家や貨幣が成立するのは、人々が同じ虚構を信じているからだ。マルクス主義や共同幻想論、「想像の共同体」論など、社会科学では昔から人気の考え方だが、『サピエンス全史』はその射程を7万年前にまで広げたことに特徴がある。

面白い日本史が読みたい！

何が言いたいかというと、「面白い日本史が読みたい！」という一言に尽きる。できるだけ固有名詞に頼らずに、引いた視点で、巨視(きょし)的に日本の歴史を把握(はあく)したい。まるで神様のような目線で、この国の歴史を描いてみたいと思った。

もっとも、僕は日本史の専門家ではない。自分で古墳を掘ったり、古文書を発見したりはできない。これから描くのは「こうやって日本史を読んだら、わかりやすいし、面白いんじゃないですか」という一つの提案だ。

本書は二部構成になっている。第一部は言ってみれば「ニッポン全史」。日本列島の誕生から消滅までを一気に描いてみた。第一部だけ読めば、少なくとも日本史の「流れ」はつかめるはずだ。

第二部では、章ごとに「コメ」「家族」「戦争」などのテーマを設定し、日本史を第一部以上の超高速で振り返っていく。「コメ」にしても「家族」にしても、現代人が伝統だと信じていることが、列島史から考えるといかに「新しい」かがわかると思う。

本書を読み通せば、日本史の通史を何と8回分もおさらいしたことになる。長くて難解な教科書を頑張って最後まで読むよりも、コンパクトなテーマ史をサクサク読んでいった方が、多角的に歴史を理解できるはずだ。

意識したのは「気持ちよさ」だ。高いタワーの展望台に上って街を見下ろした時のように、対象から遠く離れた時にだけ見える景色がある。全貌を把握する快感を日本史という対象でも味わって欲しい。

そして一度、俯瞰図を頭の中に展開できるようになれば、この本よりもずっと難解で退屈な歴史書も理解しやすくなるだろう。

どの章から読んでもらっても構わない（そのため、重要なことは重複して記述している）。仕方なく固有名詞を使っている箇所もあるが、一切覚える必要はない。読んでいて面倒だったり、興味がないと感じるパートはどんどん飛ばして欲しい。[5]

歴史の本を楽しく読むコツ

歴史を楽しく学ぶ秘訣は、まずは大まかに捉えることだ。歴史学者には怒られるかも知れないが、まずは乱暴にでも全体像をつかんでおこう。

5 このような注も読み飛ばして全く問題がない（この文章を読んでしまっている人に言っても仕方がないのだけど）。本文よりも詳細な情報や、入手しやすい参考文献を記している。

日本史はたった三つの時代に分けることができる。バラバラに生きていた人々が、一部の権力者によってまとめ上げられていく「古代」（1章、2章）、それが崩壊していく「中世」（3章、4章）、再び列島中が一つになった「近代」（5章〜7章）だ。[6]

自分が読んでいるのが、「古代」「中世」「近代」のどの時代なのかを見失わなければ、歴史はぐっと理解しやすくなる。実際にはきれいに「古代」「中世」「近代」と区分できないことも多いが、「まとまる→崩壊する→再びまとまる」という流れは知っておいて損はない。これは、本書以外で歴史に触れる時も同じだ。

年号を覚える必要は全くないが、目安として次のような時間感覚を押さえておけば、迷子(まいご)にならずに済むと思う。[7]

・約4万年前、日本列島に人類が到達(とうたつ)した。

6　教科書などでは「古代」「中世」「近世」「近代」「現代」と分ける。その場合、「近世」は織田信長と豊臣秀吉が天下を統一した頃から江戸時代、「現代」は1970年以降を指すことが多い。

7　時代区分には諸説ある。というか、本書が扱う出来事のほとんどには諸説がある。オーソドックスな学説を採用した場合が多いが、興味を持った人は参考文献などから、理解を深めてもらえれば嬉しい。

・西暦700年頃、「日本」という国号が生まれ、国のトップを「天皇」と呼ぶように。
・西暦1100年頃、「古代」が終わり、権力者もバラバラのカオスな時代「中世」へ。
・西暦1603年に江戸時代が始まり、緩(ゆる)やかな成長が続く。
・西暦1868年の明治時代以降、国家が一気にまとまる。一般的にここから「近代」。

この本を読み終わった後では、受験用の教科書や参考書、書店に並ぶ日本史の本の数々も、きっと理解しやすくなっているはずだ。本書をきっかけに、日本史の見方が変わったという人が増えたら嬉しい。そしてもう一つ。タイトルに謳(うた)ってしまっているので、どうか途中で挫折しませんように。

第一部　通史編

1　いつ「日本」は誕生したのか（旧石器〜縄文）

約300万年前、日本列島は現在と近い形になった。うんと時代は下り、約4万年前、列島に人類が到達する。彼らは長い間、おおむね平和な生活を送っていた。しかし約3000年前からコミュニティが発達し、戦争も増えていく。

歴史を書く時に、まず問題になるのが「どこから始めるのか」ということだ。現代に暮らしていると、漠然と「日本列島には昔から日本人が暮らしていた」と想像してしまうことがある。

たとえば日本史の教科書では約2万年前の沖縄に「港川人」がいたと書かれている。しかし、この「港川人」のことを「日本人」と言ってしまっていいのだろうか。[8]

8　港川人は、沖縄県八重瀬町で見つかった化石人骨。生息時代は約1万8000年前とされるが、後の本州縄文人と身体特徴が大きく違う。そのため最近では縄文人の祖先と言えるかが疑問視されている（片山一道『骨が語る日本人の歴史』ちくま新書、2015年）。

「港川人」が日本の歴史教科書に載るのは、沖縄が現在、日本領土だからだ。「港川人」は自分が「日本人」だという意識は一切持ちようがなかった。当時は「日本」という国号はおろか、沖縄を含めた列島を支配する統治機構など存在しなかったからだ。

それなのになぜ現代人は、「港川人」が日本史教科書に載ることに大きな違和感を抱かないのだろう。絶対に港川の人々は自分を「日本人」とは思っていなかったのに。

おそらく日本が島国ということが大きいのだろう。時代ごとに国境が変わり続けてきたヨーロッパと違い、太古の昔から現在の日本列島が「日本」として存在してきたように錯覚するのも無理はない。

しかし北海道や沖縄が「日本」になったのは19世紀のことだし、古代政権は東北や南九州に強い関心を持たなかった。一方で20世紀には朝鮮半島を含めた東アジアの国々が帝国の統治下に置かれ、「日本」は今よりもずっと広かった。[9]

時代によって「日本」の範囲は変わっているにもかかわらず、「日本」が永久不変な

9　明治時代以降、日本人と朝鮮人はルーツが同じであるという「日鮮同祖論」が流行した。日韓併合や植民地政策の正当化に用いられる一方、天皇家の祖先は朝鮮から渡来してきたと主張する論者もいた（小熊英二『単一民族神話の起源』新曜社、1995年）。

存在に思えてしまう。それは僕たちが「太古の昔から日本列島には日本人が住んでいた」という設定を信じているからだ。

自称「日本」を愛する人々ほど、その「設定」に浸かりきっている。たとえば、「日本といえばお米」とか「お米のおいしさがわかるのは日本人だけ」と言う人がいる。しかし日本列島で稲作が普及したのは江戸時代のことだ。中世までの日本は畑作の比率が高く、江戸時代初期の新田開発によって、初めてジャポニカ米が日本全土に行き渡った。弥生時代というのは、イネが入ってきただけの話なのだ。[10]

歴史というのはどうしても現代の色眼鏡を通して把握されることが多い。できるだけ客観的に考えた場合、いつ「日本」や「日本人」が誕生したと言えるだろうか。

日本誕生前史

映画化もされている『ドラえもん　のび太の日本誕生』という作品では、「日本誕生」が7万年前ということにされていた。[11] ギガゾンビという悪者に迫害されていた中国大

10 與那覇潤『中国化する日本　増補版』文春文庫、2014年。
11 藤子・F・不二雄『ドラえもん　のび太の日本誕生』小学館、1989年。

陸の村人たちを、日本列島に避難させたのだ。

史実ではどうなのだろう。

とりあえず、日本誕生の瞬間を探るために、時計の針を目一杯戻してみよう。[12]46億年前に誕生した地球に大陸が発生したのは、約40億年前だと言われている。その後、大陸は衝突と合体、分裂が繰り返され、数億年ごとに超大陸が誕生してきた。

直近の超大陸が、2億5000万年前に存在したパンゲアだ。[13]その頃の地球はたった一つの広大な陸地と、それを取り囲む海洋の広がる「境界のない世界」だった。ジョン・レノンが好きそうな風景だ。

当時は古生代最後の紀であるペルム紀[14]に当たり、地上には巨大な両生類(りょうせいるい)や爬虫類(はちゅうるい)が棲(せい)

12　日本列島誕生の経緯に関しては、以下の本を参照した。NHKスペシャル「列島誕生　ジオ・ジャパン」製作班監修『激動の日本列島　誕生の物語』宝島社、2017年。デヴィッド・クリスチャン他『ビッグヒストリー』明石書店、2016年。

13　パンゲアはギリシア語で「地球全体」を意味する。取り囲む海は「全ての海」を意味するパンサラッサ。

14　今から約2億9890万年前から約2億5190万年前を指す。古生代の終わりで、三畳紀、ジュラ紀、白亜紀と続く。恐竜が生まれたのは、「最大の絶滅」後の約2億3000万年前。詳しくはスティーブ・ブルサッテ『恐竜の世界史』みすず書房、2019年。

息していた。人類はまだ影も形もない。このパンゲア大陸上で、後に日本列島になる場所の目星をつけることはできるが、さすがにそのエリアを「日本」と主張する人はいないだろう。

実はこの頃、地球の歴史上「最大の絶滅」と呼ばれる気候変動が発生し、生命は破滅一歩手前まで追い込まれていた。一説では、海洋生物の種の95％、陸上種の75％が死に絶えたと言われている。人類の祖先である哺乳類へと進化する小型爬虫類は辛くも生き残ったが、やはりその動物を「日本人」の起源と主張する人もさすがにいないだろう。ちなみに「最大の絶滅」後の世界に適応して繁栄したのが恐竜だ。

この時代には「日本」も「日本人」も誕生していないことになる。

時代は一気に下り、今から3000万年前。日本列島はまだユーラシア大陸の一部だった。恐竜が絶滅し、大型哺乳類がこの世の春を謳歌していた頃だ。[15] 異変が起こったのは、ユーラシア大陸の東の端からだった。激しい火山活動と大地震と共に大地が裂け始

15 恐竜の時代にも哺乳類は存在したが、大型化も多様化もできなかった。6600万年前の隕石衝突で恐竜が絶滅したことで、哺乳類が地上の王者になれたのだ（ウォルター・アルバレス『ありえない138億年史』光文社、2018年）。

めたのだ。数百万年かけ裂け目は広がり、太平洋からの海水が流入した。

こうして日本列島は、1500万年前までには「島」となった。当初、列島は二つに分かれていたが、伊豆の火山島の大移動と衝突で一本につながったのだ。約500万年前のことである。そしてプレートの動きの変化で、陸地は急速に隆起（りゅうき）、約300万年前までには、今の日本列島と近い形の島ができあがった。

ちょうどこの間に、遠くアフリカの地で人類も誕生している。約700万年前に、初期人類がチンパンジーとの共通祖先から枝分かれしたのだ。[16]

彼らは猿人（えんじん）と呼ばれることもあるように、見た目はチンパンジーと非常に近い。その後、数多くの人類が生まれては絶滅していった。それは昔の教科書に記されていたような「猿人↓原人↓旧人↓新人」という直線的な進化ではなく、ネアンデルタール人など様々な「人類たち」が地球上に共存してきた。

その中で、唯一生き残った人類がホモ・サピエンスである。

16　人類の進化に関しては、以下を参照。三井誠『人類進化の700万年』講談社現代新書、2005年。アリス・ロバーツ編著『人類の進化大図鑑』河出書房新社、2012年。

彼ら[17]は、約20万年前にアフリカに出現し、約10万年前に出アフリカを果たす。そして約1万5000年前にはアメリカを含む世界中の大陸に住むようになっていた。ホモ・サピエンスが日本列島に到着したのは、約4万年前から3万年前の間とされる[18]。その時期になると、日本列島のあちこちで遺跡（いせき）が見つかるからだ。

しかしホモ・サピエンス以外の人類が列島にまで到達していたかは研究者の間でも議論が分かれている[19]。人骨ではなく石器しか見つかっていないため、それが人工物かどうかの判別が難しいのだ。新証拠が見つからない限り、日本列島に人類が住み始めた時期を特定するのは困難だろう。

縄文時代は列島中すかすか

17 というか「僕ら」ですね。

18 確実な人類活動の証拠は約3万7000年前頃から出現している（藤尾慎一郎・松木武彦編『ここが変わる！日本の考古学』吉川弘文館、2019年）。本書では以下、便宜的に「約4万年」とする。

19 松藤和人・成瀬敏郎『旧石器が語る「砂原遺跡」』（ハーベスト出版、2014年）は、島根県の砂原で12万年前の地層から石器が発見されたと主張する。その場合は、ホモ・サピエンス以外の人類が日本列島まで到達し、そして絶滅したことになる。

列島への道には、サハリン経由、朝鮮半島経由、南の島経由が考えられる。ホモ・サピエンスは、様々なルートを経由しながら断続的に列島へと渡ってきたのだろう。特に約2万年前には、大きな海退期が訪れ、アジアから陸続きになり、移動も容易になった。

約1万6000年前には、今よりも10℃も平均気温の低かった氷河期が終わり、温暖な縄文時代が始まる。人々は土器を使用するようになり、定住生活を始めた。この時代の代表的なコミュニティが、青森県にある三内丸山（さんないまるやま）遺跡だ。しかしインターネットもなかった時代、列島上に一様な「縄文時代」が広がっていたわけではない。

縄文時代の人口は一番多かった時期でも26万人程度と推測されている。[20] 平均寿命も30歳程度だった。人々の交易（こうえき）は確認されているが、列島はすかすかで、大規模な戦争の痕跡も見つかっていない。

当然まだ「日本政府」という統治機構もないし、「日本人」という意識を持つ人もいなかった。列島では、こんな状態が、約1万年にわたって続いた。

大きな変化が起こるのは、今から約3000年前（紀元前1000年頃）である。コミ

20　鬼頭宏『人口から読む日本の歴史』講談社学術文庫、2000年。

ユニティの周囲に水堀を張り巡らせて、外敵からの防御を考えた環濠集落が作られるようになるのだ。

これは人々が定住と稲作を本格化させ、集落が手工業や交易の拠点となったことを意味する。[21] 平和な交易だけで済めばいいが、時には簒奪も起こっただろう。集落同士の戦いはもとより、流浪の集団にとって食物や貴重品が蓄積された集落はいい獲物だったはずだ。

しかしコミュニティ単位での自衛にも限界がある。そこで自分の居住地が戦闘に巻き込まれないように、住民は近隣の権力者に食糧などを収めた。

この安全保障こそが「国」の始まりだろう。今でいえば、暴力団に払う場所代に近い。そのようなコミュニティが戦争や交渉を繰り返し、次第に統合されていった。

世界的に見ても、中央権力の発生前には、コミュニティ同士の緊張関係が高まり、ムラには環濠や要塞が築かれるという。[22] 要は、誰が天下を取るかの覇権争いが続くのだ。

---

21 わかりやすく言えば、『ファイナルファンタジーX』に出てくるビサイド村程度の規模感だろうか。はい、別にわかりやすくなかったですね。

22 都出比呂志『古代国家はいつ成立したか』岩波新書、2011年。

早い例だと、中東では紀元前3200年頃に、城塞と領土を有する国家とも呼べそうな共同体が誕生していた。[23]

日本における元祖「戦国時代」（いわゆる弥生時代）は、西暦200年代（3世紀）まで続く。[24]もちろん戦争がずっと続いていたわけではないし、列島中が争っていたわけではない。ただし、北部九州、吉備、出雲、畿内、東海、関東の各地で、ある程度の権力を持った集団が成立していたようだ。

本当は怖い邪馬台国

ここで有名な「魏志倭人伝」の出番だ。初めてまとまった形で、列島の実情が文字によって記録された中国の歴史書である。

もっとも、「魏志倭人伝」という単独の書物があるわけではない。全65巻にも及ぶ中

23　メソポタミアに存在した都市ウルクは、城壁、徴税システム、官僚機構を兼ね備えていた。その点で初期国家とも呼べる（ジェームズ・C・スコット『反穀物の人類史』みすず書房、2019年）。

24　自分で書いていても思うが、世紀という単位はわかりにくい。「3世紀なら200年代」「19世紀なら1800年代」というように、頭の中で1を引かないといけないからだ。ただし本書の目的は俯瞰で歴史を振り返ることなので、ざっくりで理解してもらえばいい。

国の正史『三国志』の中に、ちらっと「倭」[25]（日本）のことが書いてあるだけなのだ。魏書30巻、その中の東夷伝という東の田舎を描いた項目の一番最後である。中国から見ていかに「倭」が辺境だったかがわかる。

その「魏志倭人伝」には以下のようなことが書いてある。[26] 3世紀半ばの「倭」についての記述だ。

島の中に国が100ほどあったが、現在使節が来往しているのは30国である。2万戸ほどの人家がある奴国、1000家族あまりが住む伊都国などの「国」があり、さらに進んでいくと女王卑弥呼が治める都、邪馬台国に到着する。[27]

邪馬台国には、身分の上下が存在し、奴隷もいた。「法を犯した者は、罪の軽い場合はその者の妻子を没収し、重い場合は家族やその一族まで殺す」という怖い記述があり、

25 当時の中国から見た日本の呼び名。範囲は漠然としており、研究者によっても定義は分れるが、「魏志倭人伝」で「倭人」は列島に住む人々の総称として使われている。「倭」は蔑称という説がある。

26 藤堂明保ほか訳『倭国伝』講談社学術文庫、2010年。

27 「魏志倭人伝」によると、邪馬台国の人々には以下のような特徴があるという。気候は温暖で裸足、酒をよく飲む、偉い人に会うと拍手をする、身分が高い者は4、5人の妻を持つ、女性はつつましやかでやきもちを焼かない。書き手の理想が混じっているのは考えすぎだろうか。

守るべき法が存在していたことがわかる。また租税制度が存在し、流通を取り仕切る役人までいたようで、職業や身分の分化が進んだ、かなり高度なコミュニティだった。

しかし「魏志倭人伝」の記述が不正確なため、邪馬台国の場所がどこにあるかは不明だ。九州説と畿内（主に奈良）説があり、最近では畿内説が有力になりつつある。しかしはっきり言って、邪馬台国がどこにあるかはどうでもいい[28]。

なぜならば、邪馬台国のあった3世紀半ばには、すでに「ある場所」に存在する「ある証拠」によって、列島には強大な権力が存在していたことがわかっているからだ。

と、思わせぶりに引きを作ったところで次章に続く。


28『三国志』には適当な箇所も多いことがわかっている。「倭人伝」も実際に「倭」を訪ねた人物が執筆したわけではなく、時代が経てから書かれたものだ。その頼りない記述をもとに、長年にわたり邪馬台国論争が繰り広げられる姿は、この国の辺境具合を表している。滑稽であり、どこか悲しい。

2　古代政権はフランチャイズ運営（弥生〜平安）

3世紀頃には列島を緩やかに支配する王権が生まれていた。その証拠が、似た形をした古墳の存在だ。7世紀、彼らは最高権力者を「天皇」と称し、国の名前を「日本」と定める。このように列島が一つにまとまろうとした時代を「古代」と呼ぶ。

古代史マニアたちは「邪馬台国はどこにあったのか」という論争が好きだ。最近では邪馬台国は別府温泉だったという珍説まで登場している。[29]

しかし、中国の歴史書にのみ登場する「邪馬台国」なる国がどこにあったかは、実はどうでもいい。なぜなら当時の列島にはすでに巨大な政治勢力が誕生していたことがわかっているからだ。

29　酒井正士『邪馬台国は別府温泉だった！』小学館新書、2020年。卑弥呼は温泉から吹き上がる蒸気で人々を驚かせたらしい。へえ。

京都駅からJRで1時間半、現代の辺境、奈良県の巻向駅のそばに、その証拠はある。箸墓古墳だ。墳丘長278m、高さ30mの巨大な前方後円墳[30]は、3世紀半ばに築かれたと考えられている。

このような長さ200mを越える巨大な墳丘墓は、秦始皇帝陵、エジプトのクフ王のピラミッド、リディアのアリュアッテス王陵など地球上に数えるほどしかない。どれも強大な王権を象徴する陵墓である[31]。

この本を書くために箸墓古墳まで足を運んできたが、絵に描いたような牧歌的な「田舎」だった。そして古墳自体も、今となってはただの山にしか見えない。

しかし造営当時、草木が生い茂る前は、石造りの巨大なモニュメントだった。あたりに高層建築なんてない時代[32]、高さ30mの建造物は遠くからも目立ったはずだ。

30　台形の上に円を乗せた形の、ひょうたんにも見えるし、鍵穴にも見える古墳。方形（四角形）と円を合わせた形のため、この名前で呼ばれる。

31　国立歴史民俗博物館編『日本の古墳はなぜ巨大なのか』吉川弘文館、2020年。日本列島には40以上の墳丘長200mを越える古墳がある。

32　今でもない。2020年現在、奈良県で最も高い建造物は興福寺五重塔である。

これまでも列島に「王墓（おうぼ）」と呼ばれる豪華な墓は存在したが、箸墓古墳級の巨大陵墓は前代未聞だった。体積にして30万㎥、それまでの権力者の墓と比べると、ざっと30倍である。[33]

同時代に箸墓古墳ほど巨大な建造物は、列島中のどこにも存在しない。つまり邪馬台国がどこにあったとしても、列島最大の権力は、大和（やまと）の地、それも巻向のあたりに存在したと考えて間違いない。事実、箸墓古墳が出現する50年ほど前から、大和では中国の鏡や鉄の出土品が増加しているという。[34] 発掘調査では、巻向に大規模集落が存在したことも確認されていて、その最盛期もやはり3世紀半ばから後半だった。[35]

だから、箸墓古墳を「卑弥呼の墓」と考える人も多い。古墳の側（そば）には「ひみこの庭」というカフェがオープンしていて、勾玉（まがたま）磨き体験などができた。もっとも箸墓に眠るの

33　2世紀後半から3世紀前半にかけて吉備、出雲、丹後、大和など列島の諸地域に「王墓」と呼ばれる大型墳墓が一斉に造営されるようになっていた。
34　都出比呂志『古代国家はいつ成立したか』岩波新書、2011年。
35　4世紀後半には大型古墳が奈良盆地北部や大阪平野に造営されるようになり、政権内での勢力変動があったと考えられている。箸墓古墳の位置する巻向は、人々の活動の痕跡は認められるものの、衰退の一途を辿っていった（桜井市立埋蔵文化財センター『「纒向」その後』2015年）。

が誰であろうと、その人こそが当時の最高権力者だと言えそうだ。

無駄に大きなお墓を作った理由

興味深いのは、箸墓古墳が造営されてからまもなくすると、東北から九州にかけての列島中に同じような鍵穴形の巨大古墳（前方後円墳）が築造されたことだ。[36] どうしてこんな無駄に大きなお墓があちこちに？

しかも奈良発祥の流行が徐々に広がったのではなく、同時多発的に似たような形の古墳が列島のあちこちに作られた。ということはこの時期、箸墓古墳に眠る権力者をトップとした地域政権ネットワークが誕生したのだと想像できる。

この政治体制を「前方後円墳国家」と呼ぶ考古学者もいる。[37]

要は、今でいうフランチャイズに近いのだと思う。町の雑貨店がセブン - イレブンに鞍替えする様子を思い浮かべてもらえばいい。セブン - イレブンの一員になると加盟金

36 正確にいえば、この時期に前方後円墳と前方後方墳が同時に出現している。しかし両者の基本的寸法の割合は一致しており、対立関係はないとされる。

37 広瀬和雄『前方後円墳国家』中公文庫、２０１７年。

やロイヤリティが取られるが、代わりにセブン‐イレブンの流通網を利用でき、金のビーフシチューや食パンなどセブン限定商品を売ることもできる。結果的に地域住民からの信頼を得るお店になりやすい。

3世紀半ばの列島でも似たようなことが起こっていた。吉備や出雲などに存在した地方政権はそれなりの規模だったが、大和エリアを中心とする「前方後円墳国家」の一員となったほうが利が大きいと踏んだのだろう。

具体的なメリットは、新技術の獲得と権威付けだ。

巨大古墳は、石を積み上げて適当に作れるような代物ではない。設計、測量といった土木技術はもちろん、祭祀のためのノウハウも必要だ。古墳の周囲は、大和から専門家が派遣され、一大文化センターのようになっていたのだろう。[38]

そうして造営された巨大古墳は、当時としては交通の要衝に建てられた。[39] つまり、

38 東日本には、西日本的工法で造営された古墳が散見される。これは、大和政権から派遣された技術者が、東日本の古墳づくりにも携わっていた証拠である。ただし古墳時代前期には、西日本的工法が一代限りで途絶えるということもあった。地方有力者と大和政権の関係は、あくまでも人格的つながりによっていたらしい（青木敬『土木技術の古代史』吉川弘文館、2017年）。

39 今でこそ辺境の地にばかりあるけれど。

「俺たちはこんなすごい権力を持っているんだ」と内外の多くの人に見せびらかすのが目的の一つだった。

しかし古墳の大きさを見せつけたいだけなら鍵穴型の前方後円墳である必要はない。ピラミッドのような形でもいいはずだ。だが、「珍百景」に出てきそうな奇抜な古墳はない。なぜ各地が独創性を発揮しなかったのか。

大和の権力者がバックにいると示すことで、地方政権の権威を高めたかったのだろう。だから同じ形であることが重要だった。その意味で、前方後円墳の特殊なデザインは、セブン‐イレブンがお店に掲げるロゴマークに近い。

大和エリアに「国家」があったのか

この箸墓古墳のあたりに生まれた政権のことを、さしあたり大和政権と呼ぶことにしよう。[40]では「前方後円墳国家」である大和政権の成立をもって、「日本誕生」と言っていいのだろうか。

40 彼らは対外的には「倭国」を名乗っていた。当時「大和」という漢字表記はなく、最近では「倭政権」「ヤマト政権」などと呼ばれることが多い。

現在の国際法では、国家の資格要件は「永久的住民」「明確な領土」「政府の存在」「他国と関係を結ぶ能力」とされる。[41] 大和政権は、巨大古墳を造営できるくらいの労働力を持ち、東北から九州までを支配する政府機構が存在した。さらに、彼らは大陸や半島と交易もしている。

しかし、初期の大和政権が現代にワープしてきた場合、それが「国」と認められるかは微妙なところだ。まず、列島に住む全住民を一元的に管理できていたとは思えない。本格的な戸籍(こせき)制度の導入は数百年先だし、地方の力は無視できないほどの大きさだった。

大和政権がヒエラルキーのトップにいたとしても、その実態は連合政権に近かった。しかも特定の家系が王権を独占していたわけではなく、複数のボスによる共同統治だったと考えられている。[42] その後の天皇家のように、血統が根拠となる世襲は、「前方後円墳国家」が成立した頃には実現していなかったはずだ。

41 1933年に締結されたモンテビデオ条約の第1条による。
42 初期大和政権では、複数の首長が前方後円墳を三輪山付近に結集させることで「仲間」感を出していたが、彼らの居住地は奈良盆地に点在していたと見られる（広瀬和雄『前方後円墳の世界』岩波新書、2010年）。

また現代のような国境線も存在しなかった。そもそも北海道や東北北部、沖縄には支配が及んでいなかったし、地方政権を通じての間接的な統治である以上、どのくらい「明確な領土」を保持していたかは怪しい。

比喩を使えばこんな状態なのだろう。

確かに奈良には大和だか倭国だかという名前のフランチャイズの本社が誕生した。しかし、その本社も頭が上がらないほどのパワーを持った地域オーナーが複数存在する。しかも本社の社長も、その息子が継ぐわけではなく、複数の有力ファミリーから選出される方式だった。[43] こう考えると、3世紀に成立した大和政権は、現代日本とは似ても似つかない「国家」だったと考えて良さそうだ。

本部のフランチャイズつぶし

しかしフランチャイズ本社である大和政権は、徐々に地方への支配を強めていく。加盟店に本社直属のスタッフを送り込んだり、独自に商品を入荷することを厳しく取り締

43　現代でもキッコーマンが似た形式を採用する。キッコーマンは、1917年にライバル関係にあった茂木6家、高梨家、堀切家が合同で設立した醬油メーカーで、社長は8家の中から選ばれる。

まるようになったのだ。結果として、フランチャイズ店が直営店に近い形で運営されるようになった。

一つの画期は5世紀前後だったと考えられている。この時期には、世界遺産に登録された大阪の大仙陵古墳（仁徳天皇陵）など超巨大古墳が造営され、「前方後円墳国家」における一つのピークが訪れた。

大仙陵古墳にも行ったことがあるが、想像以上の大きさだった。長さ840m、幅654m、高さは36mに達し、完全に一つの「山」である。[44] 体積は140万㎥で、10トントラック25万台分に相当する。古代の工法で造築した場合、一日約2000人が働いて、15年8ヶ月もかかる計算だという。[45]

当時の列島の人口はせいぜい数百万人だったことを考えると、[46] 途方もない大規模事業

---

44 残念なのは、巨大すぎて「見方」が良くわからないこと。しかも宮内庁によって陵墓に指定されているため、中には入れない。近くに超高層建築もないので、全貌を眺めることができないのだ。堺市役所21階の展望ロビーからでは高さが足りなくて、前方後円墳の特徴的な形は認められない。

45 大林組編『復元と構想』東京書籍、1986年。

46 文献資料の不在により、古墳時代の列島の人口はよくわかっていない。鬼頭宏『人口から読む日本の歴史』（講談社学術文庫、2000年）では、弥生時代を60万人、奈良時代を451万人と推測している。

だったことがわかる。労働者の食料を準備するだけで広大な田畑が必要なはずだ。
　仮に現代人が２０００人の作業員を自由に使えることになっても、大規模古墳を造営するなんて至難の技だ。当時、一般的に文字は使用されていなかったはずだが、設計図はあっただろうし、組織マネジメントのノウハウもあったのだろう。フランチャイズ「大和政権」は、なかなかの規模に発展していたことがわかる。
　このような超巨大古墳は、陸上交通ルートに沿って造営されていたから、外国の使者に大和政権のパワーを見せびらかすという意味もあったのだろう。[47]
　超巨大古墳を造営できた王権は、権力を中央に集中させる仕組みを作り上げようとした。しかしマイナンバーや地方交付金もない時代、どうやって地方を支配できたのか。[48]
　最もシンプルなのは、人を送り込むという方法だ。事実、これまで系譜がなかった場所に突然出現した古墳がいくつかあり、それが中央政権に仕えていた官人が地方に送り

47　倉本一宏『戦争の日本古代史』講談社現代新書、２０１７年。
48　現代日本はマイナンバーがあっても住民を一元管理できていない。

込まれた証拠だと見る研究者もいる。[49]

当然、このやり方に怒る地方政権もあった。長い間、フランチャイズとして本部に貢献してきたのに、急に店長として本部の社員が送り込まれて来るようなものだから、そりゃいい気はしないだろう。

後に成立した『日本書紀』という国家公式の歴史書は、「吉備氏の乱」や「磐井(いわい)の乱」という形で、地方の有力者たちの叛乱(はんらん)を描く。

古代の国土統一戦争？

527年に勃発し、1年半にも及んだ磐井の乱では、磐井という九州北部のトップ豪族が大和政権に滅ぼされた。磐井は大型の前方後円墳に埋葬(まいそう)されていることからもわかるように、きちんと「前方後円墳国家」の一員だったようだ。[50]

---

49 都出比呂志『古代国家はいつ成立したか』（岩波新書、2011年）では、例として埼玉の稲荷山古墳や、熊本の江田船山古墳が挙げられている。

50 『筑後国風土記』の記述をもとに、北部九州最大の前方後円墳である岩戸山古墳が磐井の墓だというのが定説とされている。

当時の古墳にはヒエラルキーがあり、その地方で一番の有力者のみが大型の前方後円墳を築造でき、その下の地域代表は円墳の造営しか許されていなかった。この点は列島共通なのだが、九州では「石」が権力のシンボルだった。彼らの墓には武装石人や石馬といった石で造られた装飾品が埋葬されており、それが九州結束の証だったようだ。[51]

つまり、「前方後円墳国家」の制度を受け入れながらも、独自の文化を保持していたことがわかる。セブン-イレブンには加盟したが、地元のおばあちゃんの野菜を売ったり、勝手に看板の色を青にしたり、という状態を想像してもらえばいい。

奈良と九州は遠いこともあり、ある時期まで両者の関係はうまくいっていたのだろう。しかし、5世紀には北東アジアが緊張状態にあった。朝鮮半島に存在した百済と高句麗という国が慢性的な戦争状態にあり、百済は大和政権を引き込みたかったのだ。

6世紀になっても、朝鮮半島の戦争は終わらず、大和政権は百済支援を続ける。[52] 九州に対しては戦争のために兵士、馬、船などの供給を求めた。しかし磐井は、大和政権か

51　八女市岩戸山歴史文化交流館『常設展示図録』２０１５年。
52　国宝の隅田八幡神社人物画像鏡が、百済王である武寧王から継体天皇への贈答品だという説がある。二人には何らかの理由で強い絆が存在したようだ。

ら見ると敵に当たる新羅側と親交があった。[53]

そんな中で起こったのが、大和政権と磐井による戦闘だ。今となっては、どちらから仕掛けたものかはわからない。大和の目線では磐井による「叛乱」となるが、実際は「国土統一戦争」だった可能性もある。[54]

当時の大和政権のトップは越前（福井県）育ちで、血統も先代から考えると非常に遠かったため、即位から19年間も大和エリアに入れなかったという。[55] つまり、磐井の乱は、脆弱な大和政権と、朝鮮半島と独自外交をする九州政権との戦いという見方もできるのだ。もし磐井が勝利していたら九州に独立国が誕生していたかも知れない。

だが528年に磐井は鎮圧されてしまう。磐井の息子は、大和政権に直轄地を献上し、

---

53 磐井勢力の一員だった久留米の権現塚古墳から新羅式の土器が発見されている（柳沢一男『筑紫君磐井と「磐井の乱」』新泉社、2014年）。

54 吉田晶『古代日本の国家形成』新日本出版社、2005年。

55 先代の武烈天皇が死んだ後、「応神天皇5世の孫」と称して継体天皇が即位した。さすがに関係が遠すぎて、王朝交代が起こったと解釈することもある。しかし継体天皇の結婚相手は、雄略天皇の孫娘で、仁賢天皇の皇女であり、武烈天皇のきょうだい。つまり、「婿入り」だったとも考えられる。当時の皇位継承は「男系」ではなかったとも言える。

死罪を免れたと『日本書紀』は記す。[56]その後も磐井の一族は滅亡することはなかったが、大和政権の軍門に降ったわけである。

日本が中国の軍門に降った理由

しかしその大和政権も中国の軍門に降っていた。列島の支配を確かなものにするために、中国皇帝の権威を借りていたわけだ。[57]古今東西、威張りたい人が取る行動は共通していて、自分よりも偉い人と関係が深いと自慢することである。「俺、昭恵さん（仮名）と知り合いなんだけど」みたいな感じだろうか。

大和政権はなぜ自ら中国の臣下になろうとしたのか。それは朝鮮半島で軍事活動をするにあたって、中国の権威が必要だったから。当時の大和政権にとって、朝鮮半島の鉄

56　直轄地はミヤケと呼ばれる。ちなみに一族を根絶やしにできなかったのは、九州北部勢力の抵抗力を無視できなかったからだろう。

57　たとえば5世紀の中国（宋）に使者を派遣した大和政権のトップは、皇帝から「安東大将軍・倭国王」とのお墨付きをもらっている。さらに臣下の倭人に将軍号の授与まで求めている。自分の求心力が不十分だったため「中国皇帝‐倭国王‐倭国の臣下」というヒエラルキーを構築しようとしたのだ（河上麻由子『古代日中関係史』中公新書、２０１９年）。

資源と先進技術の確保は死活問題だった。

「金属の王」と呼ばれる鉄は、当時の最新テクノロジーである。

製鉄技術は世界史を変えるほどの大発明とも言われるが、非常に堅い上に好きな形に加工できるのが特徴だ。権力者たちは、強い武器にもなるし、有益な農具にもなる鉄を欲しがった。[58] 現代人には当たり前すぎてありがたみがないが、魔法のようなマテリアルなのである。

地方の目線では、大和政権と同盟を組むメリットの一つが鉄をもらえることだった。5世紀から6世紀前半にかけて鉄器生産拠点の集約化が進み、大和政権は鉄の輸入と製造の独占に成功していた。[59]

このように徐々に本部の力を強めた大和政権は、どんどん国家らしくなっていった。一時期はばかみたいに列島中に建造された前方後円墳も、6世紀には急速に姿を消す。これは大和政権のパワーが弱まったためではなく、むしろ逆である。統治システムが

58 鉄は約4000年前のアナトリア（トルコ）で発明された。今でもビルや橋、自動車から日本刀にまで広く使用されている。詳しくは永田和宏『人はどのように鉄を作ってきたか』講談社、2017年。

59 土生田純之『古墳』吉川弘文館、2011年。

整備されたため、わざわざシンボリックな大型古墳を築造する必要がなくなったのだ。

「日本」という国号の秘密

そしてついに７００年頃には、今に続く「日本」という国名が生まれた[60]。文字通り「太陽の昇るところ」という意味だが、日本列島の住民からすれば日が昇るのはもっと東のはずだ。

要するに中国目線の国号なのである。当時の中国語で「日本」といえば、極東を意味する一般名詞だったらしい[61]。つまりわざわざ「日本」を名乗ることは、中国を中心とした国際秩序への参加表明を意味した。見上げた従属精神だ[62]。

変わったのは国号だけではない。当時の政権は律令（今でいう法律）を制定し、官僚機構、戸籍による住民管理や徴税制度、徴兵制を整備していった。この国家体制を教科

60　「日本」という国号が対外的に認められたのは中国に朝貢した７０３年。国内の成立時期は不明だが、６７０年以降だと考えられている。

61　大津透『律令国家と隋唐文明』岩波新書、２０２０年。

62　日本国憲法を「押し付け」だと騒いでいる人は、日本という国号には何も思わないのだろうか。個人的には、使い勝手がいいなら成立過程はどうでもいいけど。

書的には律令国家という（別に覚えなくていいです）。

この律令国家「日本」は、明治時代に成立した大日本帝国にどこか似ている。これまでの有力豪族や地方政権に頼っていた国の仕組みを改め、「天皇」を中心とする国家を作ろうとしたのだ。ちなみに「天皇」という呼び名もこの頃生まれている。[63]

先ほどのフランチャイズの比喩を使えば、列島に住む全ての住民を社員にしてしまったようなものだ。奈良の田舎にあった会社が列島を支配してしまった。

住民管理の基礎となったのは、戸籍や計帳（けいちょう）である。住民の名前、年齢、性別、身体障害の程度、ほくろの位置など身体的特徴を記録し、中央政府へと送られた。中央ではそれらの書類をもとに税制計画が立案（りつあん）される。

ほら、だいぶ「国」っぽくなってきたのがわかるだろう。何もかもをきちんと文章で残すというのも、律令国家の特徴である。

「日本」の一員となった「国民」には、納税の義務が課せられた。収穫された稲、地域

63 「天皇」の前は「大王」が使われていた。日本史では便宜上、天皇号成立前の大王も天皇と呼ばれる。また「神武」や「雄略」といった漢風諡号は8世紀になってから後付けで決められたもの。

の特産物などの貢納に加えて、場合によっては労働力を提供する義務も負った。[64]

こう書くと「国民」には義務ばかり課されたように見えるかも知れない。

しかし律令施行前は、トップが好き勝手に住民を奴隷に使っていた地方もあっただろう。律令では、雑徭と呼ばれる労働力提供は年間60日までという制限が設けられた。要は地方豪族たちの好き勝手な収奪にストップをかけ、「国民」の負担を平等にするという意味もあったのだ。[65]

また中央から地方に派遣された国司と呼ばれる地方官は、農業や医療に関する最新技術を伝えたり、民衆の苦悩を把握した上で宗教的な教えを説いたりもした。

こんなエピソードが残されている。ある国司が地方に赴任、畦道に果樹を植えさせるなど細かい指示を出し、初めは住民にうざがられたものの、収穫期には大きな感謝を受

64　教科書的に説明すれば、いわゆる「租庸調」のことだ。租は口分田の面積に応じて課される田租。庸は労働力提供の代わりに布などを納める制度。調は王権への服属のしるしとしての物品の貢納。他に雑徭と呼ばれる労働力の提供、兵役などもあった（浅古弘ほか編『日本法制史』青林書院、２０１０年）。

65　宮地正人ほか編『国家史』山川出版社、２００６年。

けたらしい。[66]

さらに飢饉や疫病が流行した時は、高齢者や身寄りのない困窮者には優先して、コメが支給されたという。現代の社会保障と比べれば甚だ心許ないが、「国民」としても「日本」の一員になるメリットがあったのだ。

納税は「神頼み」の延長

それでも疑問は残る。住民が近隣の権力者に税を納めるのは、安全保障など対価が目に見えてわかりやすい。しかし、九州や関東に住む人までが遠く離れた中央政府への納税に納得できたのか。

そこには宗教の力が働いていたのかも知れない。科学技術のない古代は、天候不良で農作物が収穫できないだけで、人がばたばた死んだ。彼らは「神頼み」をするしかなか

66 出典が国家の正史である『続日本紀』なので、多少の脚色はあるだろうが、少なくとも民衆を教え導く地方官が理想とされていたことがわかる。

った。中央への納税も、その「神頼み」の延長だと考えれば腑に落ちる。[67] 現代でも「納税には御利益がある」とでも宣伝しておけば消費税アップへの反対も少なかったのかも知れない。

戸籍や徴税制度があった以上、古代の列島住民たちも、「自分は日本という国に住んでいるらしい」という意識を持ち得たのだろう。一般人向けの学校も教科書もないのだから、今で言う「日本国民」とはだいぶ違うが、支配者が誰で、首都がどこにあるかといった情報くらいは共有されていたのではないか。

しかし、電話もインターネットもない時代に、中央政府は本当に列島を支配することができたのだろうか。

それができたらしい。秘密は全国に張り巡らされた総延長6300kmにも及ぶ道路だ。律令時代の道路はとにかく立派で、各地に道幅6mから30mの巨大道路が整備されていたという。

67 租は収穫した初穂を神に捧げる初穂貢納が起源という説がある。調も神や天皇への供え物という宗教的性格を持っていた。つまり天皇が持つとされた宗教的パワーが中央集権国家を可能にしたのである（大津透『律令国家と隋唐文明』岩波新書、2020年）。

たとえば、７４０年に九州の太宰府で藤原広嗣という貴族がクーデターを起こした時、その情報は5日間で都に伝わった。[68] １４０kmの距離なら１日で伝わる計算である。これは、江戸時代に浅野内匠頭が吉良上野介を切りつけた事件（いわゆる「忠臣蔵」）が江戸から赤穂（兵庫県）へ伝わった速度とほぼ同じだという。馬に乗った使者がリレーのように緊急情報を伝えたのだ。この巨大道路のおかげで、中央と地方は密に連絡を取り合うことができた。

インフラでいえば、首都もすごかった。６９４年に造営された藤原京は、中国の長安をモデルにした碁盤の目状の大都市で、大きさは約25km²。今の港区や品川区の面積よりも広かった。

さらに７９４年に建設された平安京にいたっては、「大路」と呼ばれる幅30ｍの道が16本もあった。[69] 今でいう約9車線分にあたり、何と国会議事堂正門前の道路にも負けないくらいの広さである。

68　近江俊秀『古代日本の情報戦略』朝日選書、２０１６年。
69　桃崎有一郎『平安京はいらなかった』吉川弘文館、２０１６年。

外圧の生んだ「強い日本」

なぜこんな「強い国」が生まれたのだろうか。それは現代の北朝鮮問題を考えてみればわかる。国がまとまるのは外敵ができたときだ。北朝鮮がミサイルで危機を煽ると、タカ派の政治家が国力の強化を謳う。似たような状況が古代でも起きていた。

「日本」という国号が生まれる少し前、663年に大和政権は朝鮮半島で起こった戦いで、古代史上、最大の敗戦を経験している。[70]

唐（中国）・新羅連合軍と戦う百済を応援するために、西日本全体で兵を徴発し、半島へ出かけていったのだ。日本側の記録によれば、計4万人以上にも及ぶ寄せ集めの兵士が海を渡ったという。

対外戦争の経験などほとんどない日本は大惨敗してしまう。当時の唐にしてみれば取るに足らない戦争だったが、日本側が受けた衝撃は半端ではなかった。[71]

70　白村江の戦いのこと。白村江は韓国南部の錦江河口とその近海だと考えられているが、今は非常にのどかな漁村になっていて、戦いを偲ばせるものは何もない。

71　唐にとっては、すでに滅ぼした百済の残存勢力との戦いであり、それも新羅の王からの要請で参戦したものだった。

いつ唐や新羅が列島に侵攻してくるかわからない。そんな恐怖感のもと敗戦後は、九州を中心に防衛体制が敷かれた。防人と呼ばれる沿岸警備隊を配置し、警備拠点となる山城や堤防も築かれた。

実際に当時の政権トップが、どれほど真剣に中国大陸や朝鮮半島からの侵攻に怯えていたかはわからない。しかし彼らが、列島に走った緊張感をうまく利用して、中央集権化を進めたことは間違いないだろう。[72]

まず６７０年には初の全国的戸籍が造られ、「国民」の管理をしやすくした。

６７３年に即位した王子は、それまでの「大王」ではなく「天皇」を名乗り始めた。彼は、壬申の乱という皇位継承戦争で、数万の兵を動員できることを見せつけた「強い王」となり、自らの神格化も進める。

６８９年には体系的な法典が整備され、６９４年には藤原京が造営される。７０１年には本格的な律令が制定され、７２０年には現代にも伝わる国史『日本書紀』も完成した。さらに東北北部、九州南部にも本格的に侵攻し、「日本」の領土は広がっていった。

72 倉本一宏『戦争の日本古代史』講談社現代新書、２０１７年。

敗戦から約半世紀で、「日本」は中央集権化の総仕上げをしたのだ。

3世紀頃、前方後円墳を通じて列島をフランチャイズ化し始めた集団が、次第に直営店を増やし、かつての仲間を追い出して強固な一族経営を始め、そしてついに列島を手中に収めたわけだ。ブランド名も「日本」に一新された。

早くも「強い日本」崩壊か

というわけで、この本は2章にして、早くも「第一部完」という様相を呈してきた。しかし、この律令国家「日本」は、残念ながら長続きしなかった。なぜなら、あまりにも無理をした仕組みだったからだ。

まあ冷静に考えれば、遠くの奈良に住む天皇のために税金や兵士を差し出せと言われてもぴんとこない地域もあったのは当然だ。8世紀後半には、各地で税の未納が発生するようになる。中央に粗悪品を送ったり、納税期限を守らなかったり、次第に納税自体が行われない「未進」が常態化するようになる。

さらに、田んぼの私有が公式に認められるようになってからは、地方の有力者たちが積極的に土地を開墾し、私有地を増やしていく。初めはきちんと納税をしていたが、次第に免税特区や、中央の警察権力の及ばない土地を認めさせ、「日本」とは言えない場所が増えていった。

また、戸籍の改竄も発生し、中央政府は「国民」をきちんと管理、把握ができなくなっていく。こうなると、「日本」に見切りをつけた人は、その支配が及ばない地域へと逃げてしまうことが可能になる。

自慢だった平安京の大路ですら、牛馬が放牧されるありさまだった。

巨大道路も衰退してしまう。９４０年の平将門敗死報告に要した時間は、藤原広嗣の乱の時の倍以上。２世紀の間に技術は進歩するどころか、退化していたのだ。

こうして中央と地方の距離は再び広がり、律令国家「日本」は10世紀には半ば崩壊してしまった。しかし「日本」が終わってしまっても、列島に住む人々の生活は続く。

一度終わってしまった「日本」が、再び復活するのはいつだろうか。

3　中世は「小さな政府」の時代（平安～戦国）

古代国家の理想はあまりにも高すぎた。12世紀頃から「天皇」「上皇」「貴族」「武士」「寺社」など複数の権力が併存する「中世」へと時代は移っていく。中央の力が弱まり、地方が発達した時期でもある。

旧石器、縄文、弥生、古墳、飛鳥、奈良、平安、鎌倉、室町、戦国、安土桃山、江戸、明治、大正、昭和、平成、令和……。こんな時代区分を学生時代に暗記させられなかっただろうか。この分け方が無意味だとは思わないが、ざっくりと歴史を把握したい本書にとっては、ちょっと細かすぎる。

一番シンプルな時代区分は、次の三つだと思う。「古代」「中世」「近代」だ。もともとこの分け方はヨーロッパから持ち込まれたものだが、日本の歴史もうまく説明してくれる。

まず古代とは、7世紀から8世紀を頂点として、列島が一つにまとまっていた時代。

朝鮮半島有事を受け、「日本」は巨大な軍事国家となろうとしたのだ。少なくとも理想として、「日本」は一つになろうとしていた（2章）。

そして中世は、一つになろうとした「日本」が、再び崩れていく時代。教科書的な時代区分でいうと、平安の終わりから、鎌倉・室町・戦国時代のあたり。古代の野望を「やっぱ無理」とあきらめて、身の丈に合わせていく過程と言ってもいい。

近代は、再び「日本」が誕生した時代。江戸時代がその準備期間で、明治以降に本格的な「日本」の統一と拡大プロジェクトが始まった。その延長線上に現代人は生きている。大まかにはこの「古代」「中世」「近代」という流れを覚えておけば間違いない。

治外法権が続々と誕生

というわけで3章では中世の話をする。あらかじめ宣言しておくと、中世はちょっとわかりにくい。「超難関な時代」と形容されることさえある。[73]

前章の古代はわかりやすかったと思う。なぜなら、天皇一族が権力を獲得する歴史と

73 出口治明『0から学ぶ「日本史」講義　中世篇』文藝春秋、2019年。

して理解すれば大間違いではないから。

だけど中世で「日本」は一度崩壊し、ばらばらになってしまう。そのような時代なので、色々な権力が、ごっちゃになって共存している。だから、単線的にシンプルな説明をするのが難しい。

まあ、こうやって言い訳を書き連ねていても仕方ない。なぜ古代が終わったのかを見ていこう。

研究者によっても中世の理解は違うのだが、とりあえずは「荘園」という仕組みに注目してみるのがいいと思う。辞書的な定義でいえば、国家の支配を受けない私有地のこと。なぜ私有地が「日本」崩壊と関係しているのか。

古代日本では、あくまでも建前としてだが、全ての土地は国家のものだった。[74]しかし国家財政が膨張するに従って、財源拡大の必要に迫られた。

今なら先の世代のことを考えずに赤字国債でも発行していればいいが、当時は新田を

74　実際には「公地公民」は理念に過ぎず、ずっと豪族や寺院は大土地経営を続けていた。本文ではわかりやすく「崩壊」としているが、それは政権の「現状追認」のプロセスとも言える。詳しくは佐藤信監修『テーマで学ぶ日本古代史　社会・史料編』吉川弘文館、2020年。

開発するしかない。そこで中央政府は、自ら田畑を耕した者には、その所有権を認める方針を打ち出した。[75]「全ての土地は国家のもの」という建前を放棄したのだ。

それは、名を捨てて実を取るようなもの。たとえ土地の私有を認めても、徴税権までは放棄していないので、結果的に国家財政が豊かになると考えたのだ。実際、開墾された土地を把握することにより、国家支配が徹底したとも言える。[76]

一人当たりGDPは8世紀から10世紀にかけての200年で約1・5倍になったという。それでも現代の最貧国と同じレベルだが、確実に農業生産量は増加したのだ。[77]

しかしここから、「日本」の崩壊が始まっていく。全国の庶民が地道に荒地を開墾し、その収穫物を税として中央に納めるだけだったら、国家は安泰だっただろう。だが実際

75 具体的には、723年の「三世一身法」と743年の「墾田永年私財法」がそれに当たる。地方豪族たちは元から勝手に開墾を進めていたので、そのお墨付きを与える制度にもなった。

76 8世紀を律令制の崩壊過程と見るか、中央政府の支配が強化された後期律令国家と見るかは議論がある。詳しくは大津透『日本古代史を学ぶ』岩波書店、2009年。

77 1990年国際ドル換算で、730年に388ドルだった一人当たりGDPは、950年には596ドルまで上昇した。中世を通じて、この数値はほぼ横ばいである（高島正憲『経済成長の日本史』名古屋大学出版会、2017年）。

に起こったのは、有力者による大規模土地開発だ。

貴族、寺社、地方豪族が、近隣住民の労働力を募り、どんどん土地を開墾していったのだ。住民には対価が払われただろうが、土地は有力者たちのものになった。

問題はここからだ。

貴族や寺社は、様々な名目で、開発した土地を、税金もかからなければ、警察権も及ばない空間にしてしまったのである。結果、荘園は一種の治外法権となってしまった。

もちろん現代日本でも、土地の私有は認められているが、しっかりと固定資産税をはじめとした税金がかかる。そして私有地でも人を殺したら、当然日本国の法律で罰せられる。中世の荘園が、いかに異様な空間だったかがわかるだろう。

とはいえ当時の中央政府も、この異様な状態をただ看過していたわけではない。実際、何度も違法性のある荘園の取り締まりを試みている。

これに地方の有力者は焦った。

国家権力から責め立てられそうになった時にどうするか。いつの時代も同じで、権威のありそうな人に泣きつくのである。[78]

代表的な手法はこうだ。まず、自分の荘園を、中央の貴族や寺社に寄付したことにする。そして自らは管理者として、その土地に居座り続けるのだ。もちろん貴族や寺社に手数料はしっかりと払う。[79]

次第に戸籍の管理も適当になっていく。たとえば902年に作られた阿波国戸籍(あわのくに)には、なぜか100歳以上がやけに多く記載されている。その頃の徳島が謎の長寿国だったとは考えにくいから、おそらく虚偽の記載だろう。当時の規定では60歳以上の人は無税だったから、税逃れを図ったのだ。

こんな嘘がまかり通るくらい、国家支配の根幹(こんかん)がぐらついていたのである。[80]

78 現代日本でも、準強姦罪で逮捕されそうになりながら、政権に強いパイプを持つことをアピールして、事なきを得ようとしたジャーナリストがいた。

79 この手法で生まれた荘園を「寄進地系荘園」というが、今では寄進よりも「立荘」を中世荘園の起点と考える研究者が多い。私領寄進をきっかけに、院・女院・摂関家といった権力者がお墨付きを与えて荘園を設立することを立荘という。詳しくは、鎌倉佐保『日本中世荘園制成立史論』塙書房、2009年。

80 戸籍を導入した目的は、中央政府が「国民」を直接管理するため。その個別人身支配が10世紀初めには頓挫していたことがわかる(川尻秋生『揺れ動く貴族社会』小学館、2008年)。

喉が嗄れるまで歌い続けた上皇

そもそも「国家」側の権力者もこの間に移り変わっている。

シンプルに天皇が一番偉かった時代から、藤原氏[81]という貴族が大活躍する時代（969年〜1086年）になり、そして引退した天皇である上皇が権力を振るう時代（1086年〜1185年）になった。[82]

奇しくも平成の世でも、退位と上皇の問題が話題になった。しかし極力、表舞台に姿を現さないように気を遣う現代の上皇と中世の上皇はまるで性格が違う。

中世の上皇は、イメージでいえば「社長よりもやり手の会長」。天皇でいる限り、貴族政治の先例主義に縛られて、大胆なビジネスもできなかった。それが上皇になった途端、既存のルールを無視して、海外貿易にまで手が出せるのだ。[83]

最近ではこの「上皇の時代」から中世が始まったと考える場合が多い。権力の分散が

81　藤原氏は、天皇家に一族の娘を嫁がせるという戦略で栄華を誇った。9章も参照。
82　藤原氏の時代を摂政・関白という役職の名前を採って摂関期、上皇の時代を院政期と呼ぶ。
83　與那覇潤『中国化する日本　増補版』文春文庫、2014年。

進んだことに加え、本格的に荘園の時代が始まったからだ。
上皇の権力の源は人事権の掌握と、荘園の統制権を持てたことにある。上皇たち中央の権力者は、基準に合わない荘園を潰す一方で、積極的に大規模荘園にお墨付きを与えていった。

少し話はそれるが、上皇として30年以上も活躍した後白河という興味深い人物がいる。[84] 古代が終わり中世が始まろうとする乱世の中で、政治的策謀をこなしつつ、列島のポピュラーカルチャーの蒐集に励んでいたのだ。[85]

彼は、今様というスタイルの、当時最先端だった歌曲に熱中し、声帯を壊すほどに歌いまくっていたらしいのだ。

「四季につけて折を嫌はず、昼はひねもす唄ひ暮らし、夜はよもすがら唄ひ明かさぬ夜はなかりき」と、後白河自ら、今様への偏愛を語るありさまだった。[86] 一年中、昼も夜も

84　１１２７年生まれ。１１９２年に没するまで、幽閉や院政停止の憂き目にも遭いながら、平氏や源氏と渡り合った。「日本国第一の大天狗」と評される。
85　加藤秀俊『メディアの発生』中央公論新社、２００９年。
86　後白河院『梁塵秘抄』角川ソフィア文庫、２００９年。

歌い続けたなんて、歌手志望の高校生かって感じだ。

しかも今様というのは、宮中や寺院での公式の音楽ではなく、民衆たちが愛した世俗の音楽。この大衆歌謡を集める過程で、後白河はかなり自由に一般人と交流していた。たとえば、遊女らが宮中に出入りしていて、それが中央政府の重要な情報源になっていたという。遊女とは当時の芸能人であり旅人だ。電話もインターネットもない時代であっても、後白河は伝聞を駆使して全国の情報を集めていた。その意味で、後白河の「今様狂い」は政治的にも理にかなった行動だったのかも知れない。

誰が一番偉いのか

だが、藤原氏や歴代上皇たちが唯一絶対の独裁者になれたかといえば、全くそんなことはなかったようだ。ちょうど同時代には、平氏や源氏という武士が台頭している。

治安が悪化する都市の警備を任せていたガードマンたちが、どんどんパワーを持ってしまったのである。[87] 公務員のような警察組織もあったのだが、少数精鋭だったため群盗

87 桃崎有一郎『「京都」の誕生』文春新書、2020年。

と呼ばれる凶悪な盗賊団に対応しきれなかったのだ。
時代は混沌としていく。１１５６年には、天皇vs上皇の戦いまで起きているが、度重なる内乱の中でも軍事力を見せつけたのが武士だ。[88]
この戦いから数十年後には、「１１９２作ろう」で有名な鎌倉幕府が成立している。[89]でもだからといって、一気に武士の時代が始まったかというと、それもちょっと違う。[90]
ここが中世の難しいところだ。
古代史の主役は「天皇」なので、彼らの物語を描くことで一応の日本史は成立する。だけど中世は、唯一絶対の権力者がいなくなってしまうのだ（だからこそファンが多いのかもしれない）。12世紀後半には鎌倉幕府、14世紀には室町幕府という武家政権が樹立

88　１１５６年に起きた保元の乱では、後白河天皇と崇徳上皇の戦いに、藤原家の兄弟争いが重なった。平清盛と源義朝の軍事力によって、後白河天皇側が勝利した。

89　鎌倉幕府の成立には、源頼朝が鎌倉で権力体を成立させた１１８０年説、守護・地頭（幕府任命の地方官）の設置を認めさせた１１８５年説、征夷大将軍に任じられた１１９２年説などがある。さらに西国にも支配権が及んだ１２２１年を採る説まである。こうなると、もはや成立年などどうでもよくなってくる。

90　武士を、武力に基づいて地域を治める人と定義する場合、古代の豪族も武士になってしまう（領主制論）。そこで国家が任命した軍事貴族を武士の源流と考えることが多い（職能人論）。詳しくは関幸彦『武士の誕生』講談社学術文庫、２０１３年。

されるものの、依然として天皇家や貴族たちも強い影響力を持っていた。

たとえば、室町幕府が自らで処理できなかった政治問題を、天皇の「聖断」に委ねたことさえあるという。１３６９年のことだ。この時点で、幕府は国王としての権力はもちろん、京都の市政権さえ十分に持っていなかったことになる。[91]

さらに、寺院や神社という宗教勢力のパワーも無視できない。彼らは全国にネットワークを持つことで情報を集積させていた上に、自前の軍隊まで持っていた。

織田信長による比叡山焼き討ちは有名だが、それは比叡山延暦寺がそれほどまでのパワーを持つ武装集団だったことを意味する。[92] 事実、比叡山は歴史上、何度となく政権の方針を変えさせることに成功していた。

そんなわけで中世は中心が一つではない。だから、どうしてもわかりにくい。歴史の授業でも、このあたりで脱落した人も多いのではないだろうか。

91　伊藤正敏『無縁所の中世』ちくま新書、２０１０年。
92　比叡山は、織田信長だけではなく、足利義教、細川政元にも焼き討ちされている。

小さな政府の時代

一方で、古代と比べれば、現代人が聞いても直感的に理解できるポイントも多い。

たとえば、日本人は家柄（いえがら）や出自（しゅつじ）といった話題が大好きだ。政治の世界では、「小泉家」や「中曽根家」といったように、世襲の人が愛される。「政界のサラブレッド」という言葉が当たり前に使われているが、「サラブレッド」とは優良種のこと。血統や家柄だけでその人を判断しようとしているわけだ。

このように「家」と「仕事」を結びつける発想は、中世に始まっている。そもそも、男系で継承され、父と子の関係が重視される「家」という制度自体が、中世の産物だ。[93]

「家」の成立は国家運営にも都合が良かった。

官司請負制（かんしうけおいせい）というものがある。特定の家が、ある技能や職務について請け負う仕組みのことだ。古代では官僚が国の仕事をしていたが、中世になると家が国家の業務を担当

---

93 古代でも血統は大事だったが、社会制度の単位としては「氏」が重視されていた。「氏」とは、共通の祖先を持つと信じる（同じ氏神を祭る）集団のこと。藤原氏の例がわかりやすいが、地位は父から長男に受け継がれるのではなく、その氏の中で出世競争に勝利した人に譲られた（呉座勇一『日本中世への招待』朝日新書、２０２０年）。

することになる。

歴史学者の磯田道史[94]は、この仕組みを「家元制度」にたとえる[95]。

要は、天皇がそれぞれの家に対して「お前の家は軍事」「お前の家は学問」といったように、特定の仕事を委任するのだ。この官司請負制が天皇家にとって合理的なのは、ほとんどお金をかけることなく国家運営ができること。

一方で、それぞれの家は、世襲で仕事を独占することができる。「天皇にお墨付きを与えられた家」という権威があるから、お金を集めやすくなるのだ。

この官司請負制に代表されるように、中世は「小さな政府」の時代だったということができるだろう。京都の天皇家や貴族も「小さな政府」なら、それと併存していた鎌倉幕府や室町幕府も「小さな政府」だ。

どれくらい「小さな政府」かといえば、鎌倉幕府は列島住民に対して、社会インフラも整備してくれなければ、福祉も提供してくれなかった。

94　映画化もされた『武士の家計簿』や『無私の日本人』（映画タイトルは『殿、利息でござる！』）の著者として有名。よく自己紹介の場では、35歳で結婚するまで童貞だったエピソードが披露される。

95　猪瀬直樹・磯田道史『明治維新で変わらなかった日本の核心』ＰＨＰ新書、２０１７年。

辛うじて鎌倉幕府がしてくれたのは、支配権が及ぶ範囲内での裁判くらい。[96] それも、「獄前の死人、訴えなくんば検断なし」という諺が残っているように、殺人であっても当事者の訴えがなければ、刑事事件として処理されなかった。中世が「自力救済」の時代と言われるわけである。

中央政府が何もしてくれないんじゃ、民衆は大変だったんじゃないのか？　しかし、そんな単純な話でもないらしい。

民間人の大活躍

国家目線で見れば、中世は「日本」が崩壊した時代。しかし見方を変えれば、民間のパワーが爆発した時代ともいえる。

つまり、国家に力がなくなった分、各地域が独自に発展することができるようになっ

96 朝廷による公家法、幕府や在地領主への武家法、荘園領主による本所法が共存していて、鎌倉幕府は荘園や公領での訴訟を原則として管轄外としていた。一方の当事者が幕府支配下の者だった場合は訴訟を受理したが、その場合も必ずしも幕府法に準拠しなくていい旨を自ら定めていた（浅古弘ほか編『日本法制史』青林書院、２０１０年）。

たのだ。これまでは徴税や荘園制を介して、地方の生産物は京都にいる貴族や寺社に集まっていた。国の中で中央が一番裕福だったのだ。

しかし中央が力をなくすと、生産物は地元に留まるようになる。[97] 資本の集積は、産業の発達を促進させていく。

ただし中央が弱っただけでは、地方は発達しない。そこにはテクノロジーの進化による、社会の成熟もあった。

中世では、バラバラに散らばっていた小さな村が、どんどん一つになっていったことが知られている。結果、農業の集約化が進み、稲と麦の二毛作も普及した。[98] 鉄製農具や牛馬耕も少しずつ一般化し、農業生産力も向上した。[99]

97 単純に荘園制が衰退したわけではない。室町期にかけて、貴族や寺社所有の荘園は減少するものの、武家領荘園は増えていた。その荘園を支配する武家は、貴族のように京都に住んでいることが多く、それ以前の荘園と構造的には変わらないと考える研究者もいる（榎原雅治『室町幕府と地方の社会』岩波新書、２０１６年）。

98 １２６４年の御教書で鎌倉幕府は、備前・備後の御家人に対して、秋に稲を収穫した後、冬に蒔く麦に関して、年貢の取り立てを禁止している。

99 阿部猛『研究入門　日本の荘園』東京堂出版、２０１１年。

中世後期には、領主と農民の共同作業で、溜池や用水路が整備され、水車による灌漑が行われることもあった。

食うに困らなくなると、社会には余剰が生まれる。すると手工業など、農業以外の産業も発達する。

農作物や手工業品も、初めは自分を保護してくれる有力者の求めに応じて生産していただけだった。しかし生産性が上がれば、自分で食べたり、使用したりする分を残しても、モノが余る。余ったモノは売るのがいい。

ここで一工夫を加えて、注文生産に応じたり、市場向けの商品生産を行う人も現れた。こうして農作物や手工業品が市場に流通するようになり、商業も活性化した。

中世後期には、「飛驒は餅」「丹波は栗」「越中は織物」といったように、各地の特産物も成立している。

たとえば絹織物は全国で作られていたが、中国（明）から輸入された高級品にクオリティで負けていた。そんな中で、京都西陣が奮闘、現在まで続く西陣織の基礎を作った。

このように中世では、地方が成熟し、流通網が発達した。その意味で、国家機構としての「日本」は単一ではなかったが、列島の一体化は進んだといっていいだろう。

当時、行基図（ぎょうきず）と呼ばれる日本地図が広く流通していた。[100] 平安京のある山城国（やましろのくに）を起点として、列島諸国への経路を示した地図だ。さつまいものような形の雑な地図だが、まあ何となくの土地感覚はつかめる。印刷技術は普及していなかったものの、おぼろげに列島の形を知っていた人も、決して少なくなかったはずだ。「日本」が崩壊したといっても、古代人よりは明確な「日本人」意識を中世人が持っていてもおかしくない。

農民たちの生活革命

こんな風にいい話ばかりを書くと、決まって「貧しい人もいたでしょ」と批判される。「アベノミクスの恩恵を受けたのは一部の金持ちだけではないか」みたいな話にも通じるが、中世までには庶民の生活の質も向上していたようだ。

中世の遺跡を発掘すると、庶民の家からも漆器（しっき）のお椀や皿、各地で生産された陶器（とうき）、さらには中国産の磁器（じき）までが発見されるという。中央政府が貿易を管理していた時代が終わり、大量の中国製品が国内に流通するようになったのだ。

100　行基は、7世紀から8世紀にかけて活躍した僧。広く社会貢献活動に関わり、民衆の支持を受けていたとされる。行基図は、文字通り行基作の地図だと伝承されているものの、確実な証拠はない。

中世の家からは、鉄鍋やすり鉢も見つかっていて、新しい調理法が普及していたことがわかる。比べて古代の庶民は土製の食器と、煮炊きをするための甕くらいしか持っていなかったというから、大きな生活改善が起こったのだ。[101]

衣服にも変化が訪れた。かつての農民は、麻の服を着て、寝るときも板敷きの床の上に敷いた藁に潜り込むような生活をしていた。

それが、16世紀には綿花栽培が普及し、綿の入った温かい着物や布団を使えるようになった。木綿は肌ざわりが良く、保温性に優れている上に、洗濯もしやすい。はじめは朝鮮貿易で細々と輸入しているだけだったが、中国産の綿輸入が始まり、ついに国内でも栽培できるようになったのだ。[102]

この木綿という中世版ヒートテックの普及で、農民の死亡率も下がったと見られている。同時代には畳の普及も進み、多くの人々が「人間らしい」生活を享受できるように

---

101 藤尾慎一郎・松木武彦編『ここが変わる！日本の考古学』吉川弘文館、２０１９年。古代にも漆器は生産されていたが、貴族や寺院に独占されていた。

102 平安時代にも木綿栽培が試みられた形跡はあるものの普及しなかった。朝鮮半島では13世紀から14世紀に木綿栽培が始まり綿織物が作られるようになり、15世紀初頭から私貿易で日本に輸入されるようになった（増田美子編『日本衣服史』吉川弘文館、２０１０年）。

なった。

近代のような学校制度はないが、寺院が教育機関としての役割を担っていた。「寺子屋」の原型である。たとえば絵解という教育法がある。絵を使って民衆に宗教的な経典を説明するのだ。

後白河が愛した今様は、時に教育ソングとしての意味を持った。たとえば「大師の住所はどこどこぞ、伝教慈覚は比叡の山、横河の御廟とか、智証大師は三井寺にな、弘法大師は高野の御山にまだおはします」という歌曲があるのだが、フレーズを口ずさむことで全国の寺や地理を覚えることができる[103]。

その今様を伝えたのは、列島を旅する遊女や白拍子たち。識字率は低かっただろうが、口伝によって地方に住む村人たちも、彼らのおかげで列島の様子を知ることができた[104]。

---

103 現代にも、ももいろクローバーZが全国47都道府県の名前と特産品を歌った「ももクロのニッポン万歳！」という曲がある。

104 口承文学といえば、琵琶法師の『平家物語』が有名である。彼らは当道座という男性盲人芸能者の同業者集団を結成して、著作権と演奏権といった知的財産権の独占を試みた。今でいうＪＡＳＲＡＣのような小うるさい著作権団体が、中世にはすでに生まれていたのだ。

異常気象が戦乱の世を招いた

混沌としているが、民衆たちが活力を持ち、様々な文化が花開いた中世。その終わりは、気候変動と共に訪れた。

14世紀半ばから15世紀初頭は比較的気候が温暖な時代が続いた。ある研究者の推定によると、1280年に595万人だった列島の人口は、1450年には960万人にまで増加したという。縄文時代、古墳時代に次ぐ第三の人口増加期だ[105]。

「室町最適期」という言葉があるくらい、温暖な気候が社会の発展を促し、列島の人口を増加させた。

だが15世紀前半には、シュペーラー極小期（きょくしょうき）と呼ばれる太陽活動の低下が始まり、世界的なミニ氷河期に日本も巻き込まれる。

1420年以降、冷夏・長雨が頻繁に観測され、全国規模の重大な飢饉が相次いで発生するようになった。追い打ちをかけるように、山崩れ、洪水、疫病の流行という地獄のような不幸が重なった年もあった。

105 田家康『気候で読み解く日本の歴史』日本経済新聞出版社、2013年。

全国で土一揆（農民らの武装蜂起）が頻発し、列島はいよいよ混乱する。

京都では、１４６７年から応仁の乱が始まるが、[106] その前から異常気象や飢饉によって、京の街は大変なことになっていた。

たとえば１４６１年の記録によれば、ある僧侶が餓死者を弔うために卒塔婆８万４０００枚を用意したが２０００枚しか余らなかったという。当然、批判の矛先は室町幕府にも向いた。しかし空気の読めない将軍が、花の御所を豪華に改築しようとして、天皇からも批判されたという記録が残っている。

こうして室町幕府は統治能力を完全に失い、戦国の世が始まった。

戦国時代は、しばしばロマンあふれる時代として描かれる。イケメン大名たちが、男のロマンをかけて、天下統一を目指すといった具合だ。ＮＨＫの大河ドラマでもたびたび舞台に選ばれるし、『信長の野望』や『戦国ＢＡＳＡＲＡ』といった大ヒットゲームも多い。

106 詳しくは呉座勇一『応仁の乱』（中公新書、２０１６年）を参照。応仁の乱後、京都中心主義の政治秩序が崩れ、地方の戦国大名が台頭していく。彼らの多くは室町幕府下では、軍事警察権を持った地方官（守護）や、その代理人（守護代）であった。

しかし「戦国時代に生まれたい」という人がいたら、全力で止めにかかりたい。なぜなら、戦国時代は、戦争に加えて飢饉の時代だったから[107]。

ある寺社の埋葬記録によると、数十年に一度の大飢饉に加えて、毎年冬から春にかけて死ぬ人が多いというのだ。要は食糧が収穫できない寒い季節を乗り切れずに死んでしまっているのだ。

戦国時代には、文字通り列島中で断続的に内戦が起こっていた。しかもその期間は約100年以上にも及ぶ。さらに、その戦争がドラマやゲームのように大名と兵士だけのものならいいが、実際には耕地が戦場となり、家屋は放火され、物は略奪された。

身代金目当ての人の略奪が行われ、奴隷市場に売られることもあった。こうした奴隷狩りの被害は全国の戦場で確認できるという[108]。

だから戦国大名の主な仕事は、住民の安全保障だった。食糧を確保し、緊急時には住

107 黒田基樹『百姓から見た戦国大名』ちくま新書、2006年。
108 藤木久志『戦国の村を行く』朝日選書、1997年。

民を保護できるのがいい大名だ。全くロマンを感じない。[109]

もちろん飢饉や戦乱は古代から存在した。実は16世紀には飢饉の頻度が減り、農業生産量が増加しているという推計もある。[110] 各地の戦国大名の努力により、多少の気候変動があっても「何とか生きていける」時代が到来しつつあったとも言える。

一度は、まがりなりにも天皇のもとで「日本」としてまとまっていた国は、これほどにまでバラバラになってしまった。一体、列島はどうなってしまうのだろうか。そんなわけで次章に続く。

109　実は牧歌的な戦争も多かった。出陣後も昼間から酒を飲んだり、プロの芸人を呼んで狂言を披露させたという記録も残っている。戦闘が始まってからも、前線の足軽が小競り合いをして終わりというケースがほとんどだった（山田邦明『戦国の活力』小学館、２００８年）。

110　高島正憲『経済成長の日本史』名古屋大学出版会、２０１７年。

4　国家による暴力の独占（戦国〜江戸）

16世紀の戦国時代を経て、17世紀から再びこの国は緩やかにまとまっていく。いわゆる江戸時代である。新田開発が進み、稲作が本格的に普及した。身分制が敷かれ、移動の自由も制限されていたが、マスツーリズムの萌芽も見られる。

この本も4章までできた。出口治明あたりの日本史だと、まだ高床式倉庫や卑弥呼の話でもしているところだろうが、何ともう戦国時代である。

福岡市博物館に行った時のことだ。朝だというのに長蛇の列ができていた[111]。しかもやたら若い女性が多い。列を辿っていくと、彼女たちの目当ては、黒田家名宝展の圧切長谷部という刀と、「刀剣乱舞」とのコラボレーショングッズらしい[112]。

111　福岡市博物館には、金印「漢委奴国王」などが所蔵されている。博物館監修の金印レプリカは、税込4070円で好評発売中。

112　正式名称は「刀剣乱舞—ONLINE—」。2015年にリリースされ、アニメ化や舞台化もされている。

「刀剣乱舞」とは、日本刀を擬人化したイケメンたちを操り、「歴史修正主義者」といった敵キャラクターと戦っていく人気ゲーム。この設定のおかげで、日本中の博物館でコラボ企画が開催されているのだ。

このように若い女性までが日本刀に魅了されているわけだが、実は日本刀が戦争における主力武器になったことは一度もない。殺傷率が一割にも満たず、弓矢はもちろん、何と投石(とうせき)よりも役立たずであったからだ。[113]

戦国時代に使われ始め、そして戦国時代を終わらせたのは鉄砲である。

１５４３年前後に、偶然ヨーロッパから列島へと伝来した鉄砲は、初期こそは権力者たちの権威を高める贈答品として用いられていた。それが次第に大名たちの戦いに使用されるようになり、天正年間（１５７３年〜１５９３年）の頃には鉄砲の使用は爆発的に増大していった。[114]

確かに弓矢や日本刀に比べて鉄砲がすごそうなのは何となくわかるが、なぜ戦国の世を終わらせるほどの影響力を持ち得たのか。

113　加来耕三『刀の日本史』講談社現代新書、２０１６年。
114　宇田川武久『鉄炮伝来』講談社学術文庫、２０１３年。

秘密は、敵の防御に対する突破力にあったらしい。鉄砲が普及するまで、各地の権力者たちは列島中に無数の山城を築いていた。[115]その数は数万とも言われ、小さな村の領主も城を構えていた。この山城を弓矢だけで攻め落とすことは非常に困難だ。弓矢は上から用いたほうが効果を発揮する武器なので、城壁に矢を射るための穴（矢狭間）を設ければ城のほうが有利になってしまう。籠城が可能なのだ。

しかし火縄銃を用いることで、城を攻め落とすことが簡単になった。しかも鉄砲が普及した世界では、戦争は数のゲームになる。火縄銃を1挺や2挺持っているだけでは、火縄銃を５０００挺持っている軍には到底勝てない。だから列島中の大名たちは苦心して鉄砲を集めた。鉄砲装備の遅れが戦争の勝敗を決するようになったのである。

最も有名なのが１５７５年に起こった長篠の戦いだろう。小学校の教科書でもこの戦いを大きく扱う。東京書籍の『新しい社会』では、見開きで長篠合戦図屏風を掲載し、織田・徳川連合軍と、武田軍の命運を分けたのが鉄砲であることを強調している。[116]

考えてみれば、古代に天皇一族が列島を統一した時も、当時の最新テクノロジーであ

115 猪瀬直樹・磯田道史『明治維新で変わらなかった日本の核心』ＰＨＰ新書、２０１７年。
116 『新編　新しい社会6（上）』東京書籍、２０１５年。

る鉄が果たした役割は大きかった。強い武器や、生産性の高い農具になる鉄を独占できたことが、彼らのパワーの源だったのだ（2章）。

戦国大名たちの「天下」をかけたトーナメント戦が行われ、列島は再び統一へ向かっていく[117]。

修羅の時代を生き抜く知恵

現在でも国家の本質は、暴力の独占である。

日本国は、領土内での殺人を禁止し、武器の所持を認めていない。しかしそのルールには例外がある。公務員が職務として行う死刑執行や、銃の携行だ。国家だけが合法的に殺人や武器の独占を許可されているわけである。

国家が暴力団を目の敵にするのは、両者が本質的には似たもの同士だからだ。もし暴力団に人を殺す権利や、武器を携行する権利を認めたら、それ自体が一つの国家のよう

117「天下」は京都を中心とした畿内を指す言葉だったが、豊臣秀吉政権の後半から江戸時代初期にかけて日本全土を指すようになっていった。秀吉自身は「天下」ではなくシンプルに日本全土を「日本」「日本六十余州」と表現している（藤井讓治『戦国乱世から太平の世へ』岩波新書、2015年）。

になってしまう。日本列島を支配する唯一の主体であることを宣言する日本国としては、ミニ国家の乱立を認めるわけにはいかない。

国家のトップがおかしくならない限り、安全な仕組みと言えるだろう。全国民が銃を持っていて、いくらでも他人を殺せる世界には、ちょっと住みたいとは思わない。「むしゃくしゃして路上で無差別殺人」「飲食店店員の接客態度が悪いと暴行致死」「若い男が優先席に座っていて腹が立って殺人未遂」なんてことが日々起こっていたら、社会は安定しようがないだろう。[118]

しかし戦国時代は、その状態に近かった。15世紀には鉄製農具が普及したが、それは百姓たちにとっては武器にもなり得た。食糧の枯渇した百姓たちは、生き残るために団結し、時には大名に対して武力蜂起したのだ。[119]

また、村ごとに村掟というルールが定められ、村人同士の刑罰として処刑や追放刑が

---

118 どれも現代日本で実際にあった事件だが、それがニュースになるくらい殺人は特殊だということ。１９５５年に２１１９人を記録していた他殺による死亡者は、２０１９年には２９３人にまで減っている（厚生労働省「人口動態統計」）。

119 黒田基樹『百姓から見た戦国大名』ちくま新書、２００６年。

実施されていた。[120]村と村の間でも、水源の使用などを巡ってたびたび武力衝突が起こっている。時には80代の高齢者や女性までも戦闘に参加することがあったという。

現代であれば警察に通報したり、裁判に訴えることを、ほとんど当事者同士の武力によって解決しようとしていたわけで、それはもう危険で不安定な時代だった。[121]

もちろん、総力戦となれば村が共倒れしてしまうことを想像するくらいの分別は、当時の人にだってあった。紛争解決のために、周辺の村の介入による調停がしばしば行われ、落としどころが探られた。

中々に興味深いので、１５６０年代に近江国甲賀郡（現在の滋賀県）で起こった用水紛争の顛末を紹介しておこう。死人を出すに至ったこの武力衝突は、近隣の村の長老たちによって裁定が下された。曰く「先例に従え」という決定に加え、一方の村には以下のような罰則が科された。

120　藤木久志『中世民衆の世界』岩波新書、２０１０年。

121　農業用水をめぐる争いは現代でも発生している。たとえば１９６７年、千葉県の木更津で、農民同士で水路の奪い合いによる傷害事件が起こった。加害者が刃物で被害者を切りつけ、顔を5針縫うけがを負わせたという（「水争い、傷害騒ぎ」『朝日新聞』１９６７年6月3日）。農業用水を巡る紛争は「水論」と呼ばれ、夏の季語にもなっている。

・名主(みょうしゅ)たち[122]は、それぞれの家の二階門か内門を破却(はきゃく)して、火を放つこと。
・名主たちは、頭を丸め、墨衣(すみごろも)をまとった坊主姿になり、相手方の村へ赴(おもむ)き、神社の鳥居の前で謝罪をすること。
・百姓たちの家を30軒、燃やしてしまうこと。

二階門や内門というのは、村の指導者である名主にとって、権力の象徴だった。それが燃やされた上で、頭を丸めて謝罪させられるというのは、相当な屈辱(くつじょく)だっただろう。ちなみに家を燃やすというのは、追放刑と並んで、当時人気の刑罰だった。

このような裁定に村が素直に従わない時もあった。その場合は、近隣の村々が、その村との「中違(なかたが)い」（絶交）を宣言して、圧力をかけようとしたという。今でいう北朝鮮への対応のように、あの手この手で人々は平和を模索したのである。

122 名主とは、村の年貢や公事をとりまとめる村の有力者。時代が下るにつれて役割が変わっていくが、この場合は村の指導者くらいの意味だと思っていればいい。

独裁者でもいないよりはマシ

絶対的な権力者のいない時代というのは、社会が不安定な状態に陥りやすい。人類史を振り返っても、独裁状態よりも、無政府状態のほうが大量殺戮の発生しやすいことがわかっている。[123]

確かにアドルフ・ヒトラーやサダム・フセインといった独裁者は、数え切れない罪なき人々を殺している。しかしながら、一般的な傾向でいえば、残虐な独裁者が支配する国や時代以上に、ロシアの動乱時代や中国の国共内戦、メキシコ革命のような、絶対的権力が不在の時に人類はより多く死んでいる。

戦国時代を終わらせたのは、権力者による暴力の独占であった。「天下統一」を達成した豊臣秀吉は喧嘩停止令を発し、村同士の武力抗争を禁じた上で、１５８８年には刀狩令によって農民の刀の保有を禁止した。

興味深いのは、農民たちが自ら刀を差し出していること。役人が村に押しかけるのではなく、農民たちの責任において武器を集めさせたのだ。だから実際のところ、刀狩令

123 マシュー・ホワイト『殺戮の世界史』早川書房、２０１３年。人類史のあらゆる蛮行をまとめたとんでもない本。

で完全な武装解除が実現できたわけではない。没収は刀や脇差に集中していて、多くの村では江戸時代になっても鉄砲を保有していた。[124] しかもその総数は、大名が持つ銃の数を上回っていたという。

しかし農民たちは、鉄砲を害獣駆除には使っても、武装蜂起に用いることはなかった。江戸時代には全国で一揆が何度も起こっているので、本当ならば銃を使用しても良かったはずだ。それにもかかわらず銃使用が一般化しなかったのは、戦国時代に戻りたくない農民たちの自己規制が働いたのだと考えられている。

確かに、一般人が殺傷能力のある道具を所持していることと、それが直ちに武器として使用されるかは別問題だ。たとえば現代の日本でも公式に登録されているだけで、約２４５万本の日本刀、約30万挺の散弾銃があるという。[125] これが全て武器として使用されたら、すぐにでも日本は修羅の国になるだろう。

しかし現実としてそうなっていないのは、物理的な武装解除よりも、人々が武器を使

124 刀狩令が単なる武装解除政策というよりも、百姓に帯刀を禁止する身分政策でもあったためだと考えられる。詳しくは平井上総『兵農分離はあったのか』平凡社、２０１７年。

125 河合敦『もうすぐ変わる日本史の教科書』ＫＡＷＡＤＥ夢文庫、２０１７年。

いたくないと思う「心の武装解除」が進んだからだ。

かなりグローバルな戦国時代

さて、異常気象から始まった戦国の世には、凶作の村を捨て、兵士として生き抜いた逞しき人々が多数存在した。

しかし１５９０年、関東の戦国大名である北条氏が滅び、列島から戦場は消えてしまう。同年には浪人停止令が出され、村落から傭兵を追放することになった。

戦場でしか生きられない兵士たちはどこへ向かったのか。一つの行き先は巨大公共事業の作業員だ。当時、大坂築城にはじまる城と城下町の建設ラッシュ、干拓治水事業といった巨大事業が相次いで実施されていた。

そしてもう一つは朝鮮出兵である。豊臣秀吉は列島の「天下統一」を成し遂げた後、休戦期間を挟みながら１５９２年から１５９８年の間に朝鮮出兵を試みている。秀吉軍の数は実に16万人であった。

出兵の動機には謎が多いが、歴史学者の藤木久志は、国内の戦場にあふれていたエネルギーに対する新たなはけ口を朝鮮半島に求めたと考える。[126] 実際、列島内での武装解除と、半島への侵略戦争は並行して進んだ。

秀吉の死によって朝鮮出兵が終わると、少なくない兵士たちが東南アジアへ傭兵として流れた。海外で活躍する日本出身の傭兵なんて今でも中々いない。この時代、意外とグローバルなのだ。

記録によれば１５９９年、スペインのマニラ総督は、朝鮮出兵に従事した日本兵約10万人が、新たな稼ぎ場としてフィリピンを狙っているのではないかと危惧している。事実、当時のフィリピンには、森林の伐採や土木工事などの肉体労働に従事する元日本兵が数多くいたという。マニラ総督は、そんな彼らの暴力的なエネルギーに警戒感を募らせていたのだ。

一方で、日本出身の傭兵たちは、東南アジアにおける植民地の奪い合い、内乱の制圧、貿易船の自衛のため、安価な労働力として活用された。１６１５年にはマニラ総督がオランダ軍を攻撃するために、５００人の日本出身の傭兵を雇い入れたが、暴れ者ばかり

126 藤木久志『新版　雑兵たちの戦場』朝日選書、２００５年。

で統制が取れずに、途中で追放してしまったという記録が残されている。

「日本人は控えめで内向的」というのが、いかに一面的な印象論かということがわかる。逆にいえば、当時の「日本」が、現代日本とは非常にかけ離れた空間であったということでもある。戦国の世は文字通り、暴力に満ちた修羅の時代だったのだ。

江戸時代の人口急増

江戸幕府も、秀吉の平和政策を受け継ぎ、民衆の武装解除に努めた。江戸幕府がスタートしてからも、農民はしばしば近隣の村と武力衝突を続けていた。幕府はそのような村々の戦いを処罰し続け、裁判による平和裏の解決を定着させようと腐心したのだ[127]。

しかし江戸幕府自体が、すぐに平時モードに切り替えられたわけではない。江戸時代初期には、幕府の暴力支配モードは続き、百姓一揆に対して村人を皆殺しにするような

127　田家康『気候で読み解く日本の歴史』日本経済新聞出版社、2013年。

事件も起こっている。[128] 恐ろしい。

さらに1637年に起こった島原の乱（島原・天草の一揆）では、12万人の討伐軍が多数の住民を殺戮した。一揆を沈静化できたはいいものの、島原・天草の地は荒れ果て、税収は激減した。当たり前である。

ここで幕府は気付いたのだ。領民を殺しすぎると、年貢を徴収できなくなり、藩の武士を食わせることができなくなる、と。この島原の乱を契機に、江戸幕府は武力による血なまぐさい「武断統治」から距離を置くようになった。

こうして「太平の世」である江戸時代が訪れたわけである。

江戸時代の始まった1600年頃の人口は1500万人前後だったと推測されている

128 磯田道史『徳川がつくった先進国日本』文春文庫、2017年。水戸藩の領国内の生瀬郷で、年貢について不満を持った農民たちが、代官を殺害する事件を起こし、水戸藩に報復された。藩側の公式記録は残されていないが、旧生瀬村の旧家に伝わる古文書によると、村民は皆殺しにされ、犠牲者の数は550人に及んだという。

のだが、これが１７２１年には３１２８万人にまで増加している。[129] わずか１００年の間に人口が倍以上になった計算だ。

　平和になったのはいいとして、なぜ列島の人口はここまで増えたのか。列島内で戦争が少なかったということでいえば、古代にも平和な時代はあったはずだ。

　しかも17世紀の気候は、それほど良かったとも言えない。16世紀後半から17世紀初頭は、小氷期の狭間であり厳しい気候も緩和されたのだが、17世紀半ばには太陽活動が低下し、世界的に異常気象が観察されている。

　列島でも相次いで天候不良による飢饉が発生した。特に１６４０年から１６４３年にかけて起こった寛永の飢饉では、少なくとも5万人から10万人程度が餓死したと見られている。江戸時代にはその後も何度も大飢饉が起きているが、江戸幕府が倒され、再び戦国時代が始まることはなかった。

　人口増加の理由は、婚姻率の増加、農業生産性の向上に求めることができる。

129 鬼頭宏『人口から読む日本の歴史』講談社学術文庫、２０００年。江戸時代初期の人口は定量的な資料が存在しないが、約１０００万人から約１７００万人の間と推察されることが多い。江戸幕府は人口調査を１７２１年から始めている。

「昔の人は結婚が早くて子どもをたくさん産んだ」というイメージがあるかも知れないが、実は16世紀までの農村では生涯結婚できない人がたくさんいた。結婚とは、もっぱら家を継ぐ長男のものであり、直系長男でない場合は、結婚して世帯を持つ自由が与えられていないことも多かったのだ。今でいう奴隷同然の人も多く存在した。

しかし新田開発が進んだことで、長男以外でも結婚して独立した世帯を持つことが可能になった。すなわち、これまで結婚の自由がなかった「農民」も、配偶者を得て「農家」を営むことができるようになったのだ。こうして多くの人が生涯に一度は結婚できる社会が実現したわけである。[130]

「農家」が増えることは、施政者にとっても都合が良かった。江戸時代に普及したジャポニカ米による水田耕作は手間がかかる。複雑な地形の中で、水を水平に維持し続ける必要があるからだ。[131] そのような水田を複数管理するには一つの大集団よりも、コンパク

130 16世紀末に220万haだった耕地面積は、1721年には296万haにまで増えている。それ以上のペースで人口が増えているから、農業生産性が劇的に向上したのだろう。

131 今でも日本の農業は規模が小さいため、アメリカのような大規模稲作ができず、国際競争力が弱いと言われる。

トな家族がたくさんあったほうがいい。

こうしてようやく、自分の田んぼの管理さえしていれば、何とか生きていける環境が整った[132]。列島に住む人々が定住を初めてから実に約1万年以上、稲作が始まってからでも約2600年が経過してのことである。

自由という意味では、中世のほうがはるかに制約のない時代だっただろう。農民は自由に武器を持ち、自由に戦争をしていた。そして何より下層階級出身者が「天下統一」を成し遂げているくらいだ。

しかし、その自由は、常に危険との隣り合わせだった。自由と安定は相性が悪い。約500年にわたる自由で危険な中世は終わりを告げた。

江戸と明治は断絶か連続か

3章で、時代区分は「古代」「中世」「近代」の三つで考えるのがシンプルでいいと書いた。しかし日本史では通常、江戸時代は「近世」と呼ばれる。「中世」と「近代」の

132 與那覇潤『中国化する日本　増補版』文春文庫、2014年。

間という意味だが、英語では「early modern」と表現される。それを再翻訳すると「初期近代」や「前期近代」といった意味になる。

実は、江戸時代を「初期近代」ではなく「近世」と表現するかどうかには、ちょっとした派閥争いが関係している。

まず、江戸時代はとんでもない暗黒期だったが、明治維新で日本は一気に文明化したと考える人々がいる。彼らは江戸と明治を同じ「近代」という区分で考えたくないから、「近世」という言葉を使用したがる。

一方で、江戸と明治に大きな断絶はないと考えれば、共に「近代」という時代区分を用いるべきとなる。先に宣言しておくと、本書の立場は後者に近い。[133]

もちろん江戸と明治の相違点は大きい。

たとえば江戸時代に「国家」といえば、今でいう「藩」のことだ。[134] 約280の「国家」

133 本書の江戸時代観は、加藤秀俊『メディアの展開』（中央公論新社、2015年）から強い影響を受けている。

134 「藩」とは、江戸時代における大名領地や、その支配機構のこと。用語として広く使用されるようになったのは、明治時代になってからだ。

が地域社会を支配し、その「連邦国家」を束ねる主体として「公儀」や「天下」と呼ばれた江戸幕府があった。

「国家」（藩）は、「天下」（江戸幕府）の言うことを全て聞いたわけではない。幕府は金銀銅の硬貨しか認可しなかったが、藩は勝手に紙幣を発行していたという具合だ。飢饉対策にしても基本的には各藩任せだった。中央集権国家を志向した古代日本や、明治日本とは性格を異にする。

しかも幕府や藩は年貢こそきちんと徴収するくせに、福祉を提供しようという発想はなかった。財政を好転させることには熱心だったが、「国民」の幸福なんてほとんど眼中にない。年貢というのは単なる「地代」であり、いわば幕府という大家さんに、借り手の農民が家賃を払っているようなものだった。[135]

また今の日本国とは国境の範囲も違えば、概念も違う。蝦夷地（北海道）では松前藩が活躍していたが、アイヌは交易相手に過ぎなかった。社会学者の加藤秀俊の言葉を借りれば、松前藩は「北海道南端の海岸部になんとなく寄生した利益集団のようなもの」。

135　磯田道史『徳川がつくった先進国日本』文春文庫、２０１７年。この政策に変化の兆しが見えるのは、１７８２年から発生した天明の飢饉以降だという。

また、琉球王国は薩摩藩の支配下にあったが、こちらも「日本の領土」というわけではない。厳密な国境線というものは存在していなかったのだ。

このように支配体制だけを見れば、江戸と明治には大きな断絶がありそうに思える。しかし人々の生活に注目した場合、また別の「初期近代」の姿が見えてくる。

江戸は暗黒時代だったのか？

江戸時代には「士農工商」という身分制度が敷かれ、庶民には職業選択の自由も、移動の自由もなかった。そんな風に学校で習った人も多いのではないだろうか。

しかし今の教科書から「士農工商」の文字は姿を消しつつある。江戸時代に身分制がなかったわけではない。ある教科書では「江戸時代の社会は、支配者である武士をはじめ、百姓や町人など、さまざまな身分の人々によって構成されていました」と記されている。[136]「士」が一番、「農」が二番という単純な話ではないのだ。

確かに江戸時代には、武士、百姓と町人（商人・職人）という階級が存在した。しか

136『新編　新しい社会6（上）』東京書籍、2015年。さらに「百姓や町人とは別に身分上厳しく差別されてきた人々」と固有名詞を出さない形で被差別階級のことを記している。

し江戸時代後期になると「金上侍（かねあげざむらい）」という言葉が登場するように、武士の身分をお金で売る藩まで登場した。また困窮して身分を売った武士もいたし、先祖代々の武家を廃業して越後屋を創業することで成功した人物もいる。

移動の自由も制限されてはいた。幕府や藩にとって領民の年貢が基本的財源だったため、人々の移動に敏感だったのだ。しかしその仕組みは、現在のパスポート体制に似ている[137]。現代日本人は、アメリカや中国に完全なる無許可で行くことはできないが、パスポートを持ち、しかるべき手続きを踏めば、比較的簡単に国境を越えられる。

同じように江戸の人々も、かなり自由に列島内を行き来した。特に江戸中期以降は庶民の旅ブームが起こり、世界的に見ても早いマスツーリズム時代が到来していたのだ[138]。

旅先として人気だったのは伊勢神宮。「伊勢講（いせこう）」という旅費の積み立て組織には

137　柴田純『江戸のパスポート』吉川弘文館、2016年。

138　マスツーリズムの起源は、1841年にイギリスのトーマス・クックが始めた鉄道旅行だと言われている。熱烈な禁酒運動家だった彼は、労働者に「健全な」娯楽を提供しようとした。日中に仕事を抜け出せない労働者のための「月光旅行」や、ヨーロッパ周遊旅行パックの開発などを精力的に行い、現在の団体旅行ビジネスの基礎を築いた。お伊勢参りをマスツーリズムと呼ぶならば、日本のほうがヨーロッパの1世紀先を行っていたことになる。

1777年で440万人が加入していた。農閑期を利用した団体旅行は、まるで昭和の「農協ツアー」のようだ。
特に60年周期の「おかげ参り」にはとんでもない数の参拝者が伊勢神宮に押し寄せていた。1705年には4月から5月にかけての2ヶ月で何と約365万人が参拝したという記録が残されている。[139]
暴力まみれの時代から、ようやく旅行に浮かれられるくらい列島は平和になった。だいぶ現代人の知る「日本」に近付いてきたのではないのだろうか。しかしどんな支配体制も長続きしない。いよいよ次章は、近代の幕開けだ。

139「おかげ参り」の年でなくても、たとえば1718年の伊勢神宮では、1月1日から4月15日までの間に、43万人もの参拝者があった。ちなみに、2019年の伊勢神宮参拝者数は約970万人だった。

5 「国民国家」という新システム導入（江戸後期〜明治）

1868年に成立した明治政府は、西洋の思想や技術を参考にしながら、「国民国家」という新システムを築き上げた。いわゆる「近代」の始まりである。しかし江戸時代後期から、「近代」と呼べるくらい庶民の生活は成熟していた。

２０１８年は、ちょうど明治１５０周年にあたった。官邸のウェブサイトでは「明治以降の歩みを次世代に遺すことや、明治の精神に学び、日本の強みを再認識することは、大変重要」と述べられ、様々な明治１５０年関連施策の実施が宣言されていた。

たとえば、毎年開かれている国民体育大会に無理に「明治１５０年記念」と冠したり、明治期に温泉地が発展したことを根拠に温泉ＰＲをしたり、国がかなり無理をして「明治１５０年」を盛り上げようとしていたことがわかる。

多くの人にとっては安室奈美恵の引退のほうが記憶に残った年となったものの、日本政府が国を挙げて明治１５０年を祝おうとしていたことは重要だ。なぜなら、現在の日本国が、公式に1868年に成立した大日本帝国と地続きにあると宣言しているようなものだからである。

たとえば2010年には平城遷都1300年、2003年には江戸幕府開府400年のイベントがあったが、いずれも音頭を取ったのは中央政府ではなく地方公共団体や民間企業だった。この数十年、自民党政権では伝統の重視が重要政策とされてきたが、明治よりも古いはずの平安時代や江戸時代にはそこまでの関心はないようだ。つまり現在の日本政府は、直接の「日本」誕生を明治維新だと考えているのかも知れない。

江戸後期はほぼ近代

前章ではお伊勢参りを例に挙げたが、江戸時代の半ばともなれば、この国の庶民生活は相当程度の成熟を見せていた。

わかりやすい例が、教育機関の増加だ。

各藩が設置した藩校と呼ばれる公的教育機関に加えて、大衆教育施設である寺子屋が全国に普及した。文字通り寺院が開設することもあれば、地方の名家が経営することもあった。城下町では数百人規模の大型寺子屋も珍しくなかったという。

戦争のない世の中では経済が発展する。経済活動が活性化すると、村や家も市場に組み込まれる。商品の出荷、田畑の売買や、金銭の貸借にも証文など書類が幅を利かせる。つまり、読み書きや計算ができないと大変な不利益を被ることになる。

古代から「文字の時代」は始まっていたが、それは一部のエリート層だけの話。多くの庶民は、文字を学ぶ必要性など感じなかっただろう。しかし、文字を知らないと損をするとなれば話は別だ。

19世紀になるといよいよ教育熱は高まった。国の認可などは必要なかったため、寺子屋の正確な数はわからない。明治16年に文部省が実施した調査では1万1237という ことになっているが、調査漏れも多く、実態はこの数倍に及ぶと推測されている。[140] とにかく、列島中に膨大な数の教育施設が生まれたのだ。[141]

人口100万人を超える巨大都市・江戸では、木版刷りの「私塾・寺子屋番付」が発

140 高橋敏『江戸の教育力』（ちくま新書、2007年）では、最盛期には一つの村に一つか二つの寺子屋があったと推測している。1834年時点で村の総数は6万3562だったから、この数以上の寺子屋が存在していてもおかしくない。

141 もっとも現代のように教育を受ける権利が憲法に謳われているわけではない。要は、公立学校がほとんどなくて、塾ばかりがある社会を想像すればいいだろう。

行される有様だった。あまりにも多くの寺子屋が誕生したため、子どもをどこの寺子屋に入れるべきかというガイドが必要だったのだ。

教育を受ける人が増えると、識字率が上がる。結果、読書習慣も民衆に広がった。

1696年発行の『増益書籍目録大全』という目録がある。当時、書籍市場に出回っていた本のカタログだが、そこには合計8000点近いタイトルが収録されていた。それぞれの本の発行部数を500部としても、全国で400万部ほどの本が流通していた計算である。しかも発行部数が1万部を超えるベストセラーも現れ[142]、江戸の「情報洪水」に対して書評本までが人気を博した[143]。

江戸幕府は、積極的に識字率を上げようとはしていなかったが、それを妨害しようともしなかった。18世紀のイギリスのエリートは、貧民が読み書きを学んだら、自らの境遇に不満を持ったり、治安を乱すのではないかと心配していたようだが、日本にそれは当てはまらない[144]。

142 現代日本のほとんどの純文学小説よりも売れている。
143 加藤秀俊『メディアの展開』中央公論新社、2015年。
144 リチャード・ルビンジャー『日本人のリテラシー』柏書房、2008年。

社会の成熟度を測るには、暴力に注目してみる方法もある。一般的に「暴力が少ない社会、死ぬ確率が少ない社会は、成熟した社会である」と言えるだろう。

その意味で、江戸時代に一揆のスタイルがだいぶ洗練されたことは注目に値する。

「一揆」というと、農民たちが武装蜂起し、権力者階級を攻撃するイメージが一般的だと思う。中世ならあり得たのだろうが、江戸時代の百姓一揆はもっと平和的だ[145]。

百姓一揆の目的は、年貢の軽減や悪徳代官の罷免などだが、いきなり一揆を起こすのではなく、まず訴状を作成し、合法的なロビーイング活動を繰り返した。

それでもダメだった時、彼らは違法行為である一揆に訴えたわけだが、多くの場合、暴力には頼らなかった。蓑笠、野良着に農具という「百姓ルック」に身を包み、領主の門前などへ集団で押しかけるだけで、基本的に武器は持たない。その意味で、今でいうデモ行進に近かったのだろう。

実際、江戸時代に起こった1430件の百姓一揆を調査したところ、武器の使用や家

145 もちろん、一揆の例だけで江戸が暴力とは無縁の時代とはとても言えない。たとえば現代と比べると当然ながら治安は悪く、刑罰も厳しかった。数え年で15歳未満の少年が追い剝ぎをしただけで、死罪になった例などもある。詳しくは氏家幹人『古文書に見る江戸犯罪考』祥伝社新書、2016年。

屋への放火を伴ったものは、わずか1％程度だったという。[146]

食料自給率100％の恐怖

教育水準は上がり、読書人口が増え、一揆まで平和的になった江戸時代。中には「江戸時代、人々は〝和〟という連帯意識のなかで泰平の世を謳歌していた」[147]とか「江戸時代はまったくの日本人の知恵と経験、感性で作り上げたもので、結果として日本の歴史の中で最も長く豊かで平和な社会を作り出した」[148]という評価もある。

ただし江戸時代が現代よりも素晴らしい時代だったかというと、それも違う。

確かに自由で血なまぐさい中世に比べれば、江戸が平和で安定した時代だったことは事実だろう。しかし「素晴らしい時代」の定義にもよるが、少なくとも江戸時代には幾度かの大飢饉が発生している。

146 19世紀になると「世直し」を標榜した暴力行為も広く確認されている。詳しくは、須田努『幕末の世直し 万人の戦争状態』吉川弘文館、2010年。
147 渡部昇一『不平等主義のすすめ』PHP研究所、2001年。
148 徳川恒孝『江戸の遺伝子』PHP文庫、2009年。

特に18世紀に起きた天明の大飢饉では、各地に大量の餓死者が出ている。[149] 1783年秋から翌年春までに、弘前藩(ひろさき)だけで10万人以上、八戸藩(はちのへ)でも約3万人が飢饉の影響で命を落としたという。

当時の資料には、ひもじさゆえに自分の指を食べる幼児、墓地を掘り起こして死骸を食べた人、子どもを殺して食用にした母の話などが残されている。全国的にも100万人以上の人口減少を招いたと推測されていて、江戸時代最大の飢饉だった。

もし現代で同じ気候条件が再現されても、大飢饉が発生することはないだろう。なぜなら、今の日本は食料自給率の低い、食べ物を貿易に依存する国になっているからだ。

戦争に備えて食料自給率を上げようと主張する人がいる。しかし食料自給率がほぼ100％の江戸時代は、天候不順に極めて脆弱(ぜいじゃく)な社会だった。同じ年、世界のどこかが豊作で、作物が余っていたとしても、それを輸入する手立てがないからだ。

「食料自給率100％」というと、非常にいいことのように聞こえるが、実際は相互に

149 田家康『気候で読み解く日本の歴史』日本経済新聞出版社、2013年。1782年から1783年のエルニーニョ現象による冷夏に、1783年の浅間山噴火による日傘効果が重なり、全国で凶作が相次いだ。特に東北地方での米の収穫量は例年の1割から2割程度だったという。

依存し合った世界のほうが、よっぽどピンチに強いのである。[150]

また、江戸時代がどれだけ持続可能性のある「エコな社会」だったのかも怪しい。列島では17世紀に新田開発が劇的に進行し、耕地面積が倍増し、人口も増加した。[151] しかし18世紀になると、新たに開墾できる土地も減った上に、既存の耕地の存続すら危うくなってしまったのだ。

それまでは土地が枯れたら、とりあえず別の場所で農業をして、一年か二年、土地を休ませておくということができた。しかし、土地不足となるとそうもいかない。さらに、肥料となる草を得るため、野山を改造した結果、土砂が流出して、田畑を荒廃させるというような事件も起こっていた。今でいう「自然破壊」である。

18世紀の日本は、明らかに「成長の限界」を迎えていた。事実、その100年間で列島の人口はほとんど増えていない。1721年に3128万人だった人口は、1822

150 これは日本に限ったことではない。17世紀のフランスでは、不作が2年間続くと、人口の15%が死ぬ可能性があったという（スティーブン・ピンカー他『人類は絶滅を逃れられるのか』ダイヤモンド社、2016年）。ただし、天明の飢饉は東北の凶作が大坂の米市場の高騰を招いており、市場の失敗事例とも言える。

151 武井弘一『江戸日本の転換点』NHKブックス、2015年。

年になっても3191万人だった。[152] ほぼ横ばいだ。

どうして人口増加はストップしたのか。歴史人口学者の鬼頭宏は、都市が「人口調整装置」の「蟻地獄(ありじごく)」であったと説明する。

要は、土地を増やせないので、農村では長男にしか家を継がせられない。次男以下は、都市へ働きに出ることになる。しかし当時の都市は非常に危険な場所だった。治安という意味でもそうだし、コレラやインフルエンザなどの感染症も定期的に大流行した。健康保険も失業保険もないから、身体を壊して命を落とすというケースも多かっただろう。都市へ奉公(ほうこう)に出た若者のうち、実に4割が奉公の終わる前に死んでいたというデータもある。[153]

農村で増えすぎた人口が、都市という「蟻地獄」に吸収された結果、日本の人口は均衡(きんこう)状態を保っていたのだ。

一人当たりGDPは江戸時代を通じて約1・5倍となり、同時代の中国を追い抜くま

152 1600年の人口は1227万人と推測されている。詳しくは鬼頭宏『人口から読む日本の歴史』講談社学術文庫、2000年。
153 速水融『歴史人口学の世界』岩波現代文庫、2012年。

でになっていた。それでも成長率は0・15%という超低成長であり、とてもヨーロッパに敵うレベルではない。江戸時代の終わりになっても、一人当たりGDPは1013ドルであり、現代アフリカの発展途上国と同じ水準である。[154]

江戸時代に「日本人」はいなかった

さて、いよいよ明治維新である。

なぜ江戸幕府が終わって、明治時代が始まったのか？　「ペリーが開国を迫ったから」「江戸幕府の耐用年数が切れたから」「幕府に対する下層エリートの不満が爆発したから」といったように、様々な答えがあり得るだろう。

しかしこの問いは本質的ではない。

重要なのは日本が、西洋で生まれた「国民国家」というシステムを採用したことにある。言い換えれば、仮に江戸幕府が現代まで存続していたとしても、どこかで身分制を

154　一人当たりGDPは1990年国際ドル換算。ちなみに同時期（1874年）のイギリスの一人当たりGDPは4191ドル、中国は557ドルだった。詳しくは、高島正憲『経済成長の日本史』名古屋大学出版会、2017年。

撤廃し、「国民国家」に近い仕組みを採用していれば、21世紀におけるこの国の姿や、人々の日常生活はそれほど変わりがなかったと思う。

もちろん、「国民国家」を採用する以外の近代化の方法もあったはずだが、その場合、日本の発展はより緩やかだっただろう。[155]

その「国民国家」とは何なのか。日本の研究書でよく参照される定義を見てみよう。

「国民国家とは、国境線に区切られた一定の領域から成る、主権を備えた国家で、その中に住む人々（国民）が、国民的一体性の意識（国民的アイデンティティ）を共有している国家のことをいう[156]」

持って回った言い回しだが、現代日本や、多くの先進国は程度の差こそあれ、この「国民国家」に当てはまる。逆に「国民国家」という概念がわかりにくいとすれば、それが現代人にとって、あまりにも当たり前のものになってしまったからだ。

155　歴史は無数の「ＩＦ」の積み重ねで成立しているので、たった一つの条件が違った世界を想像するのは難しい。仮に明治維新が起こらなかった場合、ロシアと衝突し日本が事実上の植民地になった可能性もあれば、日英同盟が結ばれずにロシアと同盟関係が築かれていた可能性もある。その場合、日本が20世紀で起きた戦争による惨劇を回避できていたかもしれない。

156　歴史学研究会編『国民国家を問う』青木書店、1994年。引用にあたって一部表現を省略した。

たとえば、次のような考え方をする「国民」によって成立するのが「国民国家」だ。「日本で、日本人の親から生まれたら、日本人。日本人は日本語を話し、オリンピックではもちろん日本人選手を応援する。海外から成田空港や羽田空港に着くと日本に帰ってきたと感じる。万が一戦争が起こったら、日本に味方する」

何て当たり前の発想なのだと思われるかもしれない。しかし、こんな考え方は江戸時代には極めて特殊だった。

明治になるまでの日本は、普通「国民国家」とは呼ばれない。なぜなら、江戸時代には「国民」、つまり「日本人」はいなかったからだ。

もちろん列島に3000万人以上の人間は住んでいた。エリート層はもちろん、庶民も何となく自分たちが住む列島の形を想像し、それが「日本」という名前だということくらいは知っていただろう。また読書という習慣が普及していたということは、少なくとも書き言葉の上では、日本語共同体が存在したことを意味する。

だが彼らは現代の「日本人」とは少し違う意識を持っていたはずだ。

江戸時代、庶民は「村」か「町」に所属し、その藩主の支配を受けていた。[157] 自分たちの納税先という点で「藩」の名前は知っていたはずだし、その「藩」に愛着を持つ人もいただろう。

しかし彼らが「日本人」というアイデンティティをどこまで持っていたかは怪しい。たとえば、幕末に欧米連合艦隊と長州藩の間で起こった下関戦争では、農民や町民が戦争に協力することはなかったという。彼らは協力どころか、「非常な迷惑をしました」「散々な目にあったものです」と「被害者」として文句まで言っている。[158] 戦争はあくまでも「自分たちのもの」ではなかった。

対外戦争ではなかったが、戊辰戦争では会津城下の商人、職人など各地の民衆がさっ

157 江戸時代の基本的な構成単位は村と町である。村と町は、石高1万石以上の所領を持つ大名、それ以下の所領を持つ旗本、幕府など領主の支配下にあった。しかし現在の都道府県制のように、機械的な境界線で帰属する「県」が決まるのではない。領主が急に変更されることもあり、一人の領主がモザイク状に複数の村や町を支配することも当たり前だった（松沢裕作『町村合併から生まれた日本近代』講談社選書メチエ、２０１３年）。

158 古川薫『幕末長州藩の攘夷戦争』中公新書、１９９６年。

さと戦場から逃げ出したという。[159] どうやら日本という国どころか、「藩」に対してもそれほどの愛着を持っていない人も多かったようだ。

20世紀半ばに起こったアジア太平洋戦争で、多くの若者たちが「日本のため」という遺書を残して死んでいったのとは、あまりにも対照的だ。下関戦争からアジア太平洋戦争までの間には1世紀もない。この秘密を解く鍵が「国民国家」なのだ。

「国民国家」という人類の大発明

現代日本に住む日本国籍保有者の多くは、自分が「日本人」であることを疑わない。そして実際、ある程度は共通の能力や思考を持っている傾向にある。

おそらく「日本人」は、日本以外に住む人々と比べて、日本語が上手に話せ、衛生観念が高く、「安倍晋三」や「松居一代」「デーブ・スペクター」といった日本で活躍する人物に対する造詣が深い。

国境内に住む人間を、ある一定のスペックに育成しようとしてきたのが、「国民国家」

159 戊辰戦争とは、幕末から明治初期にかけて起こった、新政府軍と旧幕府軍の内戦。

というプロジェクトの要(かなめ)である。

寺子屋の話をしたので、教育を例に出すのがわかりやすいだろう。いくら日本中に寺子屋があったとはいえ、共通カリキュラムはなかった。また義務教育ではないから、地域や身分によって教育レベルは大きく違った。

明治時代に文部省が実施した調査では、地域、身分、性別によって識字率に大きな差があったことがわかっている。たとえば1884年の鹿児島県では自分の名前を書けない人が約8割にものぼったが、同じ年に滋賀県でその割合は3割を切っている。特に女性の識字率は低く、鹿児島県では96％の女性が自分の名前を書けなかった。

6歳以上の男女に対する義務教育が開始されたのは1872年だが、それから10年以上が経っても、全く読み書きのできない人が多く存在したことを意味する。[160] 江戸時代の非識字率はより高かったはずだ。識字率は、2割程度だったという推計もある。

そこで明治政府は「日本人」を生み出すために、全国一斉義務教育を開始した。もちろん善意でそうしたわけではない。「日本人」を生み出す切迫した事情があったのだ。

160 義務教育の対象はあくまでも子ども。義務教育が始まってしばらく経ってからも、この国には文字の読めない大人がたくさん存在した。識字率に関しては文部省「日本帝国文部省年報」参照。

いわゆる富国強兵（ふこくきょうへい）である。

馬より速い乗り物がなかった時代

明治日本の最大のミッションは、経済力をつけて、戦争に強い国家を作ることにあった。当時の世界情勢は中々緊迫したものだったからだ。少なくとも明治政府の言い分はそうだった。東アジアに限っても、清国（中国）がイギリスとのアヘン戦争に負け、不平等条約を結ばされている。列島の北に目を向ければロシアが南下政策を進めていた。

実際、欧米の強国に、アジアやアフリカが続々と支配されつつあった。

明治政府は、国力を増強しないと、日本が植民地化されるという恐怖を煽った。もっとも、本当に当時の日本に他国から侵略される危険性があったかは専門家の間でも評価がわかれている。清国もアヘン戦争に負けたが、それで王朝がつぶれたわけではない[161]。

しかし江戸幕府が継続していても、結果的に社会は大きな変化を迫られていたと思う。

161 清国は1911年に起きた辛亥革命で崩壊した。アヘン戦争から実に半世紀以上後のことである。ちなみに、幕末に日本が結ばされた不平等条約は、清国が敗戦後に締結させられた南京条約と、領事裁判権や関税自主権がないなどと共通点が多い。

なぜなら19世紀は、技術革新という意味で、世界が劇的に変化した時代だからだ。

たとえば19世紀初頭、世界には馬よりも速く地上を走る乗り物は存在しなかった。人間も、工業製品も、手紙や情報でさえも、馬より速く移動することができなかった[162]。

しかし1837年に電信技術が発明され、情報のやり取りが瞬時に行えるようになる。1858年には大西洋横断海底ケーブルが敷設され、アメリカとヨーロッパの間でメッセージが送れるまでになった。海底ケーブルの設置は進み、世界は「19世紀版インターネット」によって一つになりつつあった[163]。

同時期には、蒸気船の輸送量が増大し、鉄道網も整備されていった。かつてないほど世界が小さくなったのだ。そんな時代にいつまでも「鎖国」を続けることは現実的では

162 地上に限らなければ、伝書鳩や旗振り通信、腕木式通信による情報伝達は存在した。日本で旗振り通信が開始されたのは1743年。大阪から広島まで27分で通信ができたという。鳩は古代から伝来していたが、伝書鳩による通信が文献に初めて登場するのは1783年のことである（黒岩比佐子『伝書鳩』文春新書、2000年）。

163 ウィリアム・バーンスタイン『「豊かさ」の誕生』日経ビジネス人文庫、2015年。

ない。[164] どうしても海外の情報や、プロダクトが国内に入ってきてしまうからだ。
もっとも江戸時代にあっても、西洋文化は着々と流入していた。1788年発行の『女郎買之糠味噌汁』という洒落本では、深川の遊郭で遊ぶ客同士のこんな会話が出てくる。

「わっちゃあフロウよりウエインがいゝ」
「わっちゃあロード・ゲシクトになりやしたらうね。ゴロウトにせつなうござんす。もうウエインは止めにして、ちっとヒスクでも荒らしゃそう」

「フロウ」は「女」、「ウエイン」は「ワイン」、「ロード・ゲシクト」は「顔が赤い」、「ゴロウト」は「大いに」、「ヒスク」は「魚」という意味で、全てオランダ語だ。[165] 洒落本だから誇張はあるとしても、ルー大柴もサプライジングなレベルで外来語を使ってい

164 実際には中国やオランダなどとの貿易は継続していて、海外との交流を全て遮断していたわけではない。海外との貿易量が少ないことを「鎖国」というなら、縄文時代のほうがより「鎖国」状態に近いだろう。
165 加藤秀俊『メディアの展開』中央公論新社、2015年。

た江戸人がいたとしても不思議ではない。

だから、明治になって一気に日本が「開国」したというよりも、19世紀に発生した技術革新の波に日本も取り込まれたという表現のほうが正しいのだろう。

戦争に強い国を作ろう

実は、日本が戦争に強い国を作ろうとしたのはこれが初めてではない。まだ「日本」という国号さえ存在しなかった7世紀、朝鮮半島での戦いで手痛い敗戦を経験した大和政権は、軍事大国を作ろうとした。そのために戸籍や徴兵制を導入したり、明治日本と類似した政策を試みている（2章）。

しかもどちらも、日本が現実的に侵略される脅威に加えて、その脅威を権力者が利用したことまで含めてそっくりだ。現代でも政治家が「北朝鮮の脅威」をことさら語りたがるのは、それが国をまとめる方法として効果的だからだろう。

だが古代日本は、理想半ばで崩壊してしまった。やはり電気も鉄道もない時代に、中央集権国家を維持するのは困難だったのだろう。

一方の明治日本には西洋の最新技術という強力な武器があった。電話や電信を使えば列島中に瞬時に情報を伝達することができたし、鉄道や車のおかげで列島の体感的面積は非常に小さくなった。

こうして日本を戦争に強い「国民国家」にするためのプロジェクトが始まったのである。最大の障害は、身分差と地域差だった。当時、福澤諭吉は『学問のすゝめ』の中でこんな主張を残している。

人口百万人の国があり、知者が千人だけで、残りが無知の小民だった場合、国内の支配だけ考えればそれでもいい。しかし、いざ戦争となったら、小民は逃げ出してしまうだろう。名目上は百万人の国でも、千人しか戦わない国では独立もままならない[166]。

この日本「国民国家」化計画は果たして成功したのか。ある意味で大成功し、ある意味で大失敗した。いよいよ次の章から現代編へ突入する。

166 福澤諭吉『学問のすゝめ』慶應義塾大学出版会、2009年。もともとは1872年から1876年にかけて発行された。

6 「拡大」の季節と近代化（明治〜昭和）

近代日本は、「侵略される国」ではなく「侵略する国」になることを選んだ。その拡大路線の結果、アジア太平洋戦争では莫大（ばくだい）な数の犠牲者を出した。しかし敗戦で「後進国」になったことは、経済成長にとって有利だった。戦後日本は経済大国になる。

どうして海外なんて行くの？

明治維新からスタートした近代というのは、とんでもない時代だった。一言でいえば「拡大」の季節である。

まず人口の伸びがすごい。明治時代が始まった1868年に3300万人だった人口は、大正元年の1912年には5000万人、1936年には7000万人を超えている。[167] ここに日本が支配していた朝鮮、台湾、樺太（からふと）の人口を加えると、約1億人に達する。

帝国は国土も次々と広げていった。沖縄、北海道、台湾、朝鮮を次々と領土に加え、1940年代にはフィリピンやフランス領インドシナなど、アジアの国々も占領支配している。当時の勢力版図を見ると、とんでもない大きさである。

ここで単純な疑問が浮かぶ。なぜ大日本帝国は、そんなに大きくなりたかったのかということだ。「国民」が増えればその管理が大変だし、領土も広げるほどコストがかかるのは目に見えている。貴重な資源が眠る夢の大陸ならともかくとして、沖縄や台湾などの小さな島を、どうして自分たちのものにしたかったのか。

実はヨーロッパの大国も数世紀にわたり、全く同じことをしていた。[168] 15世紀に始まった大航海時代、ポルトガルやスペインなどが競って新航路の開拓と、新しい領土の獲得を目指した。

---

167 大日本帝国時代は、いわゆる内地に住む「日本人」の人口で、朝鮮などは含まれていない数字。詳しくは総務省統計局「日本の長期統計系列」を参照。

168 マルク・フェロー『植民地化の歴史』新評論、2017年。

なぜか。最もシンプルな理由は、莫大な富を得るためである。わかりやすい例はオランダだ。オランダはアジアとの香辛料貿易を目的とした東インド会社を設立し、大きな利益を上げていた。

しかしヨーロッパが海外へ進出した理由はそれだけではない。純粋な冒険心から行われた遠征もあったし、宗教的情熱が原動力となった場合も多かった。特にキリスト教は「口実」としてもよく使われた。

最も有名な例はスペインによるインカ帝国の侵略だろう。スペインからの征服者は、インカ帝国の皇帝がキリスト教の帰依（きえ）を拒否したことを理由に、大殺戮を繰り広げた。たった168名のならず者部隊が、インカ帝国を滅亡させてしまったのだ。[169]

このようなヨーロッパの領土拡大戦略は、18世紀後半にイギリスから始まった産業革命によって決定的なものになる。

169 62名の騎兵と106名の歩兵しかいなかったスペインのならず者部隊に、1600万人の臣民を抱えるインカ帝国が滅亡させられてしまった。銃器、鉄製の武器、騎馬などの軍事技術を持つスペインに対して、インカ側が金属製の武器を持っていなかったこと、スペイン側が風土病や疫病に対する免疫があったこと、文字情報によってアメリカ大陸の事情や過去の戦略について学べていたことなどが理由として考えられる（ジャレド・ダイアモンド『銃・病原菌・鉄』草思社文庫、2012年）。

人々は、蒸気機関という24時間効率よく動き続けるテクノロジーを手にした。産業革命は進展し、ドイツやアメリカでは石油を利用した重化学工業が勃興（ぼっこう）する。大量生産・大量消費の時代の幕開けだ。

産業の規模が大きくなると、原材料の調達も、製品の販売も一国では賄（まかな）いきれなくなる。ヨーロッパの国々は、国境を越えた原材料の調達と販路の拡大を本格化させた。結果として、アジアとアフリカの多くの国が、ヨーロッパの植民地となってしまう。

日本が開国を決断したのは、まさにそのような時代だった。

日本も乗り遅れるな！

明治の政治家や知識人は、日本がヨーロッパに侵略されることを恐れていた。たとえば福澤諭吉は、「西洋」は「東洋」を次々に植民地にする中で、日本にも危険が迫っていると説く。そして「亜細亜（アジア）」であることを脱して、「西洋」の文明に染まらなければ日本の独立は保てないと訴えた。

明治政府も、ヨーロッパと同じ道を選ぶことを決めた。つまり「侵略される国」ではなく「侵略する国」になることを選んだのだ。[170]
しかし、国内でも議論が一筋縄に進んだわけではない。[171]
たとえば1879年、明治政府は琉球王国を日本に強制併合し、沖縄県を設置しているが、これにも大きな論争があった。
琉球を日本の領土にしたかった人々の頭の中にあったのは、一にも二にもまず国防である。ヨーロッパの強国に比べて、軍事力が圧倒的に劣勢だった日本は、できるだけ遠方に国境と防衛拠点を確保したかった。
そこで軍事戦略上、重要だと考えられたのが琉球なのだ。琉球は、日本本土、台湾、中国大陸の中間に位置する。もしそこがヨーロッパの植民地になった場合、日本にとって重大な危機が訪れることを意味していた。
一方で、反対派が主張したのはコストの問題である。「遠海の孤島」に「政府の洪費

170 近代化に関しては、小熊英二『決定版　日本という国』（新曜社、2018年）がコンパクトにまとまっている。
171 小熊英二『〈日本人〉の境界』新曜社、1998年。近代日本の植民地支配から復帰運動までが、792ページにまとまっている（まとまっていない）。

（公費）」を投入したところで、全くメリットがないというのだ。実際、当時の明治政府の財政は火の車。各地で反乱が続く状況で、遠く琉球に警察や軍隊、官僚や教師を送り込み、近代化を促進するのは無謀だと訴えたのだ。

明治にもきちんとコスパを重視する知識人がいたわけである。[172]

だが明治政府は琉球の併合を決定する。さらに蝦夷地開拓の方針を固め、北海道にも本格的に進出した。対ロシアの軍事拠点として、アイヌが住む土地を日本領土として確保したかったのだ。多くの本土人が北海道に植民し、乱開発が進められた。

こうして日本政府が手にした沖縄と北海道は「帝国の南門」「帝国の北門」と呼ばれる。共に、もともと住んでいた人の意向を無視する形で、大日本帝国の軍事拠点として重要な場所となったのだ。

この拡大方針はさらに進む。1895年、清国（中国）との戦争に勝利した日本は、台湾をもらい受ける。しかし住民の抵抗はすさまじく、統治費用もかさんだ。台湾からの税収だけでは統治費用を賄えず、国庫補助の額は政府税収の1割近くにも及んだという。

172 他にも、清国（中国）など外国との摩擦を気にする反対意見もあった。

メディアには台湾の売却論も躍ったが（今と国家観がだいぶ違うことがわかる）、政府の上層部は台湾の国防上の価値を訴えた。結局1895年には総督府が設置され、1945年まで日本の統治が続くことになる。

現在まで禍根を残す韓国支配でも、まず唱えられたのは、軍事上の意義である。日本は段階的に韓国の支配権を獲得していき、1910年には併合を実施した。当時、伊藤博文は「日本はやむを得ず韓国を保護国にした」「韓国が他国に支配された場合日本の独立が危うくなる」といった言葉を残している。[173]

極東の島国から「海の帝国」へ

このように、当時の日本では経済的合理性よりも、「国防」が何より優先された。今となっては、どこまでが本当に「自衛」のために必要な領土だったかは疑問だ。[174]

173 平塚篤編『伊藤博文秘録続』春秋社、1929年。
174 実は20世紀になると、ヨーロッパでも植民地は本当に採算に合うのかが度々議論になっていた。植民地を維持するには多大な費用がかかる。しかも植民地を含めた「帝国」内で自給自足ができればまだしも、結局他の「帝国」との交易なしに経済は成り立たない。そのような時代に、本当にヨーロッパが日本侵略を目指したのかは不明だ。

しかし日本は、一度始めてしまった拡大路線を降りることができなかった。むしろ「帝国」として東アジアを中心とした独自の経済圏を構築しようとしたのである。

1929年の世界恐慌以降、世界の強国は自国通貨を基軸とした「ブロック経済」化を進めていた。ブロック経済とは、関税障壁などによって自分たちの経済圏を「ブロック」のように囲い込む経済体制のことだ。

新聞にこんな評論までが掲載される有様だった。

「神風号は僅に94時間余で東京ーロンドン間を翔破するほど世界の距離は短縮されたにも拘らず、世界に於ける通商の障礙は徳川時代に於ける各藩の関所よりもっと多く且つ厳重となった[175]」

当時、日本は経済的には自由主義を掲げていたが、次第に自分たちの「ブロック」形成に乗り出していく。

1931年には中国東北部の満州というエリアを制圧、1932年には満州国の成立

175『朝日時局読本』8巻、朝日新聞社、1937年。神風号とは、ロンドンへ向かった朝日新聞社の飛行機のこと。

を宣言している。[176] 旧ソ連に隣接する最前線であり、豊富な地下資源を当て込んでの進出だった。しかし、満州国は国際的な摩擦を生み、日本は１９３３年に国際連盟の脱退を余儀なくされる。

もっとも、日本が世界を相手に大喧嘩をしようと思って国際連盟を辞めたわけではない。むしろ、脱退論を唱えたのは、国際協調派の外交官だった。彼らは満州事変を国際連盟の審議の対象から外すことで、国際連盟の枠外で欧米諸国との外交関係の修復が可能だと見込んだのである。[177]

だが、その期待は外れ、日本は孤立化の道を進んでいった。１９３７年には日中戦争が勃発し、１９４１年には真珠湾攻撃を行い、アメリカに戦争を挑んだ。一連の戦争は現在ではアジア太平洋戦争と呼ばれる。

大日本帝国が戦争の大義名分として掲げたのが「東亜（東アジア）新秩序建設」と

176　１９３０年代以降に続発する戦争の原点の一つは満州事変だ。中国の国権回復運動などによる日中関係の悪化も事変の背景にある。詳しくは油井大三郎『避けられた戦争』ちくま新書、２０２０年。

177　実は日本ですべての主要な政治勢力が国際連盟脱退に反対だったという。詳しくは井上寿一『戦前日本の「グローバリズム」』新潮選書、２０１１年。

「東亜の安定」であった。侵略と連帯によって、日本を盟主とする一つのアジア「ブロック」を作ろうとしたのだ。

極東において、日本が大英帝国に代わる存在になろうとしたわけである。ヨーロッパからの侵略を恐れていた極東の島国は、ついに自らアジアの新秩序を打ち立てようとする「海の帝国」となったのだ。[178]

昭和8年に返りたい

庶民たちは「海の帝国」の戦争をどう眺めていたのだろう。一般的に「戦前の日本」は暗黒時代として描かれることが多い。

しかし近代化の過程で、人々の生活は着実に便利になっていった。大正時代（1912年〜1926年）になると、一般市民にも娯楽を楽しむ余裕が出てきた。東京を中心に大衆消費社会が花開き、銀座にはモダンガールやモダンボーイが闊歩（かっぽ）した時代だ。

178 しばしばアジア太平洋戦争の目的が「アジアの解放」だったと主張されることがある。しかし、実際に「アジアの解放」が唱えられるのは敗色が濃厚になってからで、決して戦争当初から掲げられた目標ではない（松浦正孝『「大東亜戦争」はなぜ起きたのか』名古屋大学出版会、2010年）。

当時の三大レジャーといえば、映画（活動写真）、博覧会、花見である。[179] 東京の映画館は、１９１１年から１９１２年にかけて入場者数が３倍となり、１０００万人近くが映画館に押し寄せている。特に１９１６年に公開されたチャップリンの喜劇映画は評判を呼んだ。経済的に余裕がある人々はゴルフやスキーというレジャーも楽しんだ。

ところで、大正14年に当たる１９２５年は政治史的に重要な年だ。男子に対する普通選挙法と、悪名高い治安維持法が制定されたのである。[180]

この治安維持法には当時から反対の声が上がり、１９２５年２月11日には、東京の芝、有馬が原で日本労働総同盟など35団体が開催した治安維持法反対の集会が開かれている。しかしその参加者はわずか３０００人だったという。[181]

一方、その反対集会の２日前、２月９日に新宿園で開かれた「アサヒグラフデー」という映画スターの撮影会には何と３万人もの入場者があった。多くの人々は、消費とレ

179 青木宏一郎『大正ロマン　東京人の楽しみ』中央公論新社、２００５年。

180 治安維持法は、天皇制と資本主義を否認する運動や、その支援を禁止した法律。１９２８年には最高刑が死刑となり、戦前の言論弾圧の象徴とされる。

181 小松裕『「いのち」と帝国日本』小学館、２００９年。当時の『朝日新聞』（１９２５年２月12日夕刊）では５０００人とされている。

ジャーに夢中で、治安維持法どころではなかったらしい。

また普通選挙に対する人々の反応も冷めたものだったという。1923年に起こった関東大震災からの復興も進み、「世は不景気ながら天下は至極泰平（しごくたいへい）」と評されるくらい、穏やかな雰囲気が社会を包んでいた[182]。

1926年に始まった昭和も「至極泰平」（平和）な時期が続く。電球、扇風機、アイロン、コタツといった家電が普及し、最先端の商品が並ぶデパートの出店も相次いだ。たとえば高島屋は「なんでも10銭（せん）均一売場」を設置し、大衆顧客の取り込みを図った。デパート外に「高島屋10銭・20銭ストア」をチェーン展開、1932年までに51店舗をオープンさせている[183]。

ピークは「昭和8年」（1933年）だった。

戦後しばらくは「昭和8年に返りたい」「昭和8年に返ろう」というフレーズが盛んに言われるくらい「良い時代」だったのである。満州事変の2年後だが、一部の富裕層は軍需景気で潤っていた。夜の街にネオンは輝き、デパートには商品が溢れ、若者たち

182『読売新聞』1925年3月23日朝刊。
183 井上寿一『戦前昭和の社会1926-1945』講談社現代新書、2011年。

はカフェーのダンスホールに集った。

しかし戦況の悪化によって、次第に庶民の生活水準は落ちていく。それでも暗い日々が急に訪れたわけではない。たとえば、随筆家の山本夏彦は、１９４１年の日米開戦の日、新橋の「天春」で友人と天ぷらを食べながら酒を飲んでいたと回想している[184]。

もっとも１９４４年からは、アメリカからの本格的な空襲が始まり、東京をはじめとした都市部は壊滅（かいめつ）的な被害を受けた。さらに軍も手当たり次第に若者を徴集し、徴集率は77％に達した。日本国籍を保有した17歳から45歳の男性のうち４割以上が軍に動員されていた計算になる[185]。

あの戦争、実は負けて良かった？

「海の帝国」が仕掛けたのは、無謀な戦争だった。特にアメリカに対しては経済力、技

184 山本夏彦『「戦前」という時代』文春文庫、１９９１年。
185 大江志乃夫『徴兵制』岩波新書、１９８１年。日本で徴兵令が施行されたのは１８７３年だが、当初は様々な免除規定があり、実際に兵士になったのは該当者の３・５％に過ぎなかった（加藤陽子『徴兵制と近代日本』吉川弘文館、１９９６年）。

術力の何もかもが負けていた。戦争末期には国家予算の実に約85%が軍事費に投じられたが焼け石に水だった。

もちろん、当時の政治家や官僚たちも、そのことはわかっていた。それでもなぜ日米開戦に踏み切ったか。

「戦争に向かう選択は、他の選択肢に比較して目先のストレスが少ない道」だったという説がある。[186] 要は、みんなが納得できるような戦争回避策を決定することができなかったため、最もマシな選択肢が日米開戦になってしまったというのだ。

にわかには信じられないが、確かに「中国から撤兵」や「天皇の聖断による開戦回避」を実現するには、大きな摩擦が発生する。それなら誰もが公式には反対できない「日米開戦」を落とし所にしたほうがいい。そのような残念な意思決定の積み重ねが、最悪の戦争を招いた。[187] 今でもダメな会社では日常的に起こっていそうな話だ。

186 森山優『日本はなぜ開戦に踏み切ったか』新潮選書、2012年。
187 軍隊と言っても結局は官僚。陸軍と海軍の間ではセクショナリズムが激しく、それぞれが別に作戦を立て、別々に戦果を発表していた。陸軍情報部の部員たちは、ミッドウェー海戦について外国のニュースなどで実情を把握するという有様だった。そりゃ負けるよね。

もちろん日本は負けた。軍人・軍属だけで230万人、民間人が80万人、計310万人の命が失われている。[188] さらに明治以来、帝国が獲得してきた土地の多くも失い、「海の帝国」は「極東の島国」に戻った。

この敗戦は、列島に人類が住み始め、「日本」という国号が誕生してから、日本という空間において最大のピンチだったといっても過言ではない。

だが冷静に考えてみた時、敗戦は必ずしも悪いことばかりではなかった。なぜならこのタイミングで植民地を手放せたからである。明治維新以来、帝国が必死になって手に入れてきた領土や植民地だが、「国防」という理由が消えると、それは一気に経済のお荷物になりかねない。

実際、戦後においてイギリスやフランスは植民地政策で大いに苦労を強いられた。たとえばフランスの場合、1948年から1951年にかけて、本国から北アフリカに対する直接的な財政補助は4倍にもなっている。フランスの納税者の納めた税金の9％が海外領土での支出に使われていたという計算もある。[189]

188 戦没者の数は日中戦争期を含む。ちなみに日露戦争の死者は約9万人だった。
189 マルク・フェロー『植民地化の歴史』新評論、2017年。

さらに1950年代以降、植民地の独立が相次いだ。交渉によって平和裏に進んだ独立も多いが、戦争を招いたこともあった。とにかく、植民地は維持するにも、独立してもらうにも厄介な存在になっていたのである。

日本やドイツ、イタリアといった敗戦国は、そうした負担に苦しむことなく戦後復興を成し遂げることができた。

ある歴史学者に「もし日米開戦に踏み切っていなかった場合どうなったか」と聞いたことがある。大日本帝国は温存され、国際連合の常任理事国にもなれただろうが、植民地が経済的な重荷となり、今日のような発展はなかっただろうと予想してくれた。

後世からの視点に過ぎないが、日本は310万人もの犠牲の代わりに、身軽な経済成長を遂げることができたのである。[190]

しかしそれも、いくつもの幸運が重なってのことだった。

経済大国・日本のルーツ

190 ただし植民地や占領地の資産は放棄せざるを得なかった。朝鮮半島だけで当時の国家予算の4倍、満州国だけで7倍の資産を残してきた計算になる（青山誠『太平洋戦争の収支決算報告』彩図社、2020年）。

「戦前」と「戦後」という言葉が象徴するように、1945年8月15日を境に、日本はまるで別の国家になってしまったかのように描かれることがある。[191]

しかし江戸と明治が連続していたように、戦前と戦後も連続していた。むしろ戦時期に生まれた「日本型経済システム」が、戦後の高度成長の原動力になったと主張する研究者もいる。[192]「戦争に勝つ」という目的を「経済大国」という目的に付け替えたから、日本は未曾有の経済成長を達成できたというわけだ。

実際、社会保障の基盤も、日本が戦争を遂行していく中で整備されてきたものである。陸軍の要請で1938年に厚生省が設立され、国民健康保険制度、厚生年金保険制度が開始された。福祉制度の充実は、国民の健康増進、つまりは健康な兵士の量産を目指して整備されたものだったのだ。

確かに「戦争」と「経済成長」は似ている。国が一丸（いちがん）となって一つの目標を目指すという点では同じなのだから、戦争のために構築された制度が、経済成長にとっても有利

191　実際、大日本帝国は日本国と名前を変え、憲法さえ変えることになった。
192　野口悠紀雄『増補版　1940年体制』東洋経済新報社、2010年。

なのは納得できる話だ。[193]

日本がラッキーだったのは、敗戦で経済後進国になれたことだ。戦後しばらくの間、東側陣営の中国は世界市場に参入していなかった。また、韓国や東南アジアの親米独裁政権は、政情も不安定で教育水準も低い。そんな中で日本は、アメリカなどの先進国で衰退した製造業を肩代わりする「世界の工場」として活躍できた。

日本の経済大国化をバックアップしてくれたのはアメリカだ。戦勝国アメリカは、日本に賠償金を求めない政策を取り、多くの国も賠償権を放棄している。[194]

これほどアメリカが優しくしてくれたのは、軍事戦略上、日本が重要な位置にいたから。冷戦の勃発と朝鮮戦争の開戦によって、資本主義陣営の仲間として日本の価値が急速に上昇したのだ。戦争終結後すぐ、アメリカ国内では、アジア諸国を上回る生活水準を日本に認めないといった案もあったくらいだから、幸運だったと言うしかない。

193 もちろんGHQによる、独占禁止法、財閥解体、労働組合法、公職追放、農地改革といった戦後改革の重要性は無視できない。（倉沢愛子他編『なぜ、いまアジア・太平洋戦争か』岩波書店、2005年）。

194 日本が賠償支払いに応じたのは、フィリピンやインドネシアなど4ヵ国だけだ。それも現金賠償ではなく実物賠償や役務賠償が基本とされた。これはアジアの国に対して発電所や各種工場やその技術を提供するもので、日本企業が東南アジアへ進出する足がかりとなった。「賠償ビジネス」である。

「縄文顔」も「弥生顔」もいない

戦後しばらく流行した「昭和8年に返りたい」というフレーズはあっという間に過去のものとなった。すぐに「昭和8年」の豊かさを超えてしまったからである。

1956年には「もはや戦後ではない」と言われ、戦前の経済水準を取り戻した。植民地を手放したことによって7200万人にまで減った人口は、1967年にはついに1億人を突破している。

そして1969年にはGDPベースで、世界で第2位の経済大国になった。人々の生活も変わった。高度成長期と呼ばれる1960年代には、白黒テレビ、洗濯機、冷蔵庫という「三種の神器（じんぎ）」が各家庭に普及している。

1964年には東京オリンピックが開催された。当初、オリンピックに批判的だった小説家の石川達三は、開会式が「夢のように美しかった」といい、「戦争によって疲弊（ひへい）しつくした日本」が約20年でここまで復興したことに感嘆している。[195]

195『朝日新聞』1964年10月11日朝刊。

食生活も変わった。新しい加工食品としてハムやソーセージが一般化したのもこの頃だし、動物性タンパク質や、脂質、ビタミンの摂取量が増加したのも同じ時期だ。

あなたの顔は「縄文顔」か「弥生顔」かという議論がある。列島に住む人々にいくつかのルーツがあるのは事実だが、実はこの区分、骨考古学者に言わせれば全くのナンセンスらしい。[196]

なぜなら20世紀の「日本人」、特に戦後の「日本人」は、身長も骨格も何もかもが「日本人離れ」しているのである。20世紀に入り、男女の平均身長は10㎝以上伸び、それは下肢に集中している。要は、足が伸びてスタイルが良くなったのだ。

そもそも同じ「現代人」でも、佐藤健から中瀬ゆかりまでいるわけで、同時代人に通底する「顔」があると想定することに無理がある。「縄文人」にも切れ長の一重まぶたの人はいただろうし、「弥生人」にも大きな目で分厚い唇の人はいただろう。

とにかく戦後日本人は、これまで列島に住んでいた人と比べたらガリバーのような存在である。しかしそのガリバーも今、岐路に立たされている。

196 片山一道『骨が語る日本人の歴史』ちくま新書、2015年。

7　日本はいつ「終わる」のか（平成～未来）

少子高齢化の進む日本は岐路（きろ）に立たされている。２０４０年代には高齢者人口が４０００万人を越える。しかも高齢者の４人に１人が認知症を患（わずら）っている可能性がある。果たしてＡＩは救世主になり得るのか。

「黄色と黒は勇気のしるし　24時間戦えますか」「ビジネスマン　ビジネスマン　ジャパニーズビジネスマン[197]」

長い昭和が終わり、平成が始まった１９８９年、この国はうたかたの狂乱騒ぎの中にあった。のちにバブルと呼ばれる好景気が続いていたのだ。[198]「24時間戦えますか」と

197 牛若丸三郎太「勇気のしるし」１９８９年。
198 当時から好景気を「バブル」と指摘する声もあったが、１９８９年まではただの好景気として語られることが多かった。

いうのは栄養ドリンク「リゲイン」のＣＭソングのワンフレーズである。

「戦えますか」とはもちろん「働けますか」の意味。この曲はサラリーマンの宴会ソングの定番だった。現代的な感覚からすれば完全にブラックな歌である。「労働基準法って知ってますか」という冷静な突っ込みをしたくなるが、バブルを謳歌した人物の回顧録によれば、この歌は「時代の気分には間違いなくマッチしていた」という。[199]

人々はどこか躁状態だったのだろう。東京都心部の「ビジネスマン」は、ワイシャツに肩パッドを入れ、サスペンダーをしてディスコを闊歩する。クリスマスイブともなれば、カップルは給食のようなコース料理を食べ、シティホテルはどこも満室。東京証券取引所の平均株価は１９８９年末に史上最高の３万８９１５円を記録している。

世界も日本を評価していた。今となっては笑い話だが、アメリカの社会学者が『ジャパン・アズ・ナンバーワン』という本まで出版している。日本こそ未来の経済モデルを体現した国だというのだ。

199 伊藤洋介『バブルでしたねぇ。』幻冬舎文庫、２０１１年。著者は山一證券の社員でありながらシャインズとして秋元康プロデュースでデビューし、その後も東京プリンとして活躍するなど、バブルの恩恵をうけた代表的な人物である。

ただし狂乱の時代は長続きしなかった。

１９９０年初頭には株価がじわじわと下がり始める。そして8月に起こったイラクのクウェート侵攻をきっかけに、株価急落は決定的になった。10月には日経平均が一時2万円を割り込み、「失われた時代」と呼ばれる長い景気低迷期が始まった。

あの頃、女子高生が注目を浴びた理由

とはいえ、１９９０年代に起こった本当の変化はバブル崩壊ではない。高度成長期に完成した日本型工業社会の破綻だ。戦後日本は、政府が重点産業を決め、経済成長を何よりも優先する社会制度を作り上げた。冷戦下の中国が「世界の工場」になりきれない中、日本は「ものづくりの国」としてその名を世界に馳せたのである。

だが１９９０年代になると、円高や冷戦終結によって、大手製造業者がアジア諸国に生産拠点を移すようになった。製造業の就業者数は１９９２年をピークに頭打ちとなり、１９９４年にはサービス業の就業者数に抜かれている。

このように、製造業ではなく情報産業や知識産業が中心となる社会を「脱工業化社会」や「ポスト工業化社会」という。日本では、１９９０年代半ばに本格的な脱工業化

社会が始まったわけである。

脱工業化と共に、日本という国を根底から変えつつあるのが少子高齢化だ。こんなことを書いても「知ってるよ」と言われそうだが、人口動態の変化は、消費から社会保障にまで影響を及ぼす大変化である。

かつて日本は「若い」国だった。日本人の平均年齢は、１９５０年には22・２歳、１９６０年になっても25・６歳だったが、２０２０年には47・８歳となり、世界一の「老いた」国になった。

１９９０年代は、日本に多くの若者が存在した最後の時代である。団塊ジュニアがちょうど20代を迎えていたのだ。

数は力である。「ＳＵＮＮＹ」という１９９０年代を生きた女子高生がモチーフの映画がある。[200] 当時あれほど「女子高生」が注目を浴びた最大の理由は、若者人口が多かっ

200 韓国映画のリメイクで、正確な邦題は「ＳＵＮＮＹ　強い気持ち・強い愛」。当時を知る人からすれば、「ＳＵＮＮＹ」内の高校生は肌の色が白すぎて、逆に髪の色が暗すぎるという。１９９０年代はすっかり「日本史」に属する出来事になりつつある。

たからに他ならない[201]。

たとえば1995年、15歳から29歳人口は2724万人、20代に限っても1868万人いた。ちなみにこの数字は2019年になると、それぞれ1840万人、1263万人にまで減少している[202]。

「若者がモノを買わない」というが、そもそも若年人口が3割以上も減っているのだから、若者向けの市場が低調なのは当たり前だ。

日本の小売業販売額のピークは1996年である[203]。

個別に見ても、国内の書籍・雑誌の販売部数は1996年、音楽CD[204]の販売枚数は1998年にそれぞれピークを迎えている。90年代半ば、『週刊少年ジャンプ』の発行

201　ついでに言えば、1960年代後半に学園紛争など「若者」が注目を浴びたのも、団塊の世代がちょうど20歳前後になったという人口動態が大きく関係している。
202　総務省「人口推計」。共に10月1日で比較している。
203　経済産業省「商業動態統計」。全国の百貨店やスーパー、通信販売などあらゆる売上を合算したものだが、燃料小売業を除いてそれ以降減少の一途を辿っている。
204　CDとは、かつて音楽を記録するために使用されていたメディア。全盛期には、一曲か二曲を聴くために若者たちが約1000円を出してCDを買い求めていた。ちなみに当時（1998年）の東京の最低賃金は時給692円。

部数は653万部を記録、CDでも「名もなき詩（うた）」「DEPARTURES」など200万枚以上のベストセラーが続発した。国内貨物輸送量や酒類販売量、水道使用量も90年代後半から2000年頃がピークだ。

第3次ベビーブームは起こらなかった

90年代に訪れた脱工業化社会と少子高齢化という二つの転機。しかし、日本はこのピンチをうまく切り抜けることができなかった。

政府は、バブル後の経済低迷に対して、公共事業を増やすことで対応しようとした。地方に公共施設や大型道路を次々に建設、公共事業費は1998年に14・9兆円を超えた。「日本といえば公共事業」というイメージがあるが、90年代だけ飛び抜けて多額の税金が投入されている[205]。しかし公共事業で日本の経済は一向に回復しなかった。

そして少子高齢化の対応にも完全に失敗した。2015年から人口減少の始まった日本だが、実は2000年代には起死回生のチャンスがあった。90年代に高校生として世

205 民主党が「コンクリートから人へ」を掲げ、政権交代を果たしたのは2009年のことだが、2000年代には公共事業費の削減が始まっていた。

間を席巻していた団塊ジュニア世代が、ちょうど結婚・出産適齢期に突入したのである。本当はここで「第3次ベビーブーム」が起こり、この国には子どもがあふれているはずだった。当時の厚生省もそれを期待して、90年代には大した少子化対策を打ってこなかったという。

しかし国家とは珍妙なことを考えるもので、なぜかこの時期、歌だけが作られた[206]。厚生省が低出生率を受けて、「ウェルカムベビーキャンペーン実行委員会」を結成、その趣旨に賛同したアーティストが集まり「僕らが生まれた　あの日のように」という歌が発表されたのである[207]。

１９９３年、小田和正や飛鳥涼といった人気アーティストが参加したシングルＣＤは80万枚以上の売上を記録するものの、残念ながら歌の力で少子化が止まることはなかった。当たり前だ[208]。

206 ＮＨＫスペシャル「私たちのこれから」取材班編『超少子化』ポプラ新書、２０１６年。
207 USED TO BE A CHILD「僕らが生まれた　あの日のように」１９９３年。
208 収益金は、北海道風連町（現・名寄市）、今治、烏山町（現・那須烏山町）で「風の顔らんど」という子ども向けアウトドア施設を建設するのに使用されたのだが、ピント外れ感が否めない。

実際、1990年代にはすでに待機児童が問題になっていたにもかかわらず、保育園の整備など本当に必要な政策は後回しにされ続けた。しかも往々にして少子化は、若者の「意識」の問題にすり替えられてきた。

たとえば「若者が草食化したから子どもが減った」という具合だ。しかし、いくら若者が「肉食」でも避妊や中絶ができるし、現実的に夫婦一組が生み育てられる子どもの数には限界がある。だから草食化と少子化にはほとんど関係がないのだが、若者の意識さえ変えれば全てはうまく行くと信じたい人が多かったようだ。[209]

2007年には婚活という言葉が生まれ、地方自治体は婚活パーティの開催や啓蒙活動に励んだが、当然ながら出生率にほとんど影響はなかった。

そして2010年代半ば、団塊ジュニア世代の出産適齢期は終わりを迎え、2016年には新生児の数が100万人を切ってしまう。1949年には269万人、1973

209 「草食化」というが、若者のセックス経験率は1970年代と比べると上昇傾向にあり、「草食化」という言説自体疑う必要がある。「若者の車離れ」も同様である。人口動態の変化を、若者の「意識」の問題にしているのだ。詳しくは、古市憲寿『絶望の国の幸福な若者たち』講談社＋α文庫、2015年。

年にも２０９万人も出生数があったことを考えると驚くべき変化である。[210]

「呪い」のオリンピック

１９８９年に始まり２０１９年に終わった平成の31年間は、何とか「昭和」を延命させようとした時代だったと言える。

社会学者の小熊英二は「平成」を「１９７５年前後に確立した日本型工業社会が機能不全になるなかで、状況認識と価値観の転換を拒み、問題の『先延ばし』のために補助金と努力を費やしてきた時代」と定義する。[211]

その意味での「平成」は、２０１９年5月以降も続くのだろう。特に２０２０年に開催されるはずだった東京オリンピック・パラリンピックは、言うなれば「平成」的大イベントである。

かつてオリンピックは大きな経済効果をもたらすと信じられてきた。しかし最近の研

210 一学年の数がそれだけ減っているのだから、小学館の学年誌が『小学一年生』を残して休刊になったのも納得できる。
211 小熊英二編『平成史　完全版』河出ブックス、２０１９年。

究によれば、期待したほどの「メリット」が得られないことが明らかになりつつある。[212] 広告業界や建設業など一部の産業にお金が集中するのは事実だが、全国民がその利益を享受できるわけではないからだ。むしろ莫大な税負担を考えれば、損をする人も多い。

オリンピックくらいで国の経済が回復しないことは、最近の開催地を見れば一目瞭然だ。ギリシャ（アテネ）、中国（北京）、イギリス（ロンドン）、ブラジル（リオ）と、多くの国が今、経済的な苦境に立たされている。むしろ、「オリンピックの呪い」かと思ってしまう。まあ、日本は開催前に「呪い」にあってしまったけれど。

２０２５年には大阪万博の開催も決定している。公式ウェブサイトによれば、万博が「新しい技術や商品が生まれ生活が便利になる『きっかけ』」になるらしい。２兆円の経済波及効果を見込むというもっともらしい数字も記されている。

しかし万博という発想自体、とにかくダサい。確かにかつての万博は未来を具現化する一大イベントだったのだろう。

だがポスト工業化社会の未来は目に見えるものばかりではない。

212 アンドリュー・ジンバリスト『オリンピック経済幻想論』ブックマン社、２０１６年。

むしろ未来の萌芽はとっくにスマートフォンやＶＲゴーグルの中で生まれている。わざわざ大規模開発をしなくても、さっさとＵｂｅｒを全面解禁したり、自動運転の特区を設けたりすれば未来はすぐに手に入る。「２兆円の経済波及効果」も、結局は一部の産業にお金が集まって終わる可能性が高い。

１９６４年の東京オリンピックがいい思い出として懐古されるのは、当時が高度成長期の最中で、この国が右肩上がりの成長を続けていたから。当然ながら、今の日本が抱える問題は、オリンピックや万博開催で解決できる類いのものではない。

新型コロナウィルスは社会を変えるか

もっとも、新型コロナウィルスの影響によって東京オリンピックの開催自体が危ぶまれている。もとから新国立競技場の建築計画撤回と建築家ザハ・ハディドの死去、エンブレムの盗作騒動、誘致の裏金疑惑などネガティブな話題には事欠かないオリンピックだったが、まさか新感染症の世界的な流行が直撃するとは誰にとっても予想外だった。古代なら大仏でも鋳造していたところだろう。

新型コロナウィルスが社会にどのような影響を与えるのかが盛んに議論されているが、

国家という共同体の価値が再確認されたのは確かだ。世界中で国境は事実上封鎖され、疫病（えきびょう）対策に当たったのはそれぞれの国家であった。EUとシェンゲン協定のあるヨーロッパでさえ同様である。[213]

そんな中、「強い国」を求める議論が巻き起こった。日本でも欧米のように強権的なロックダウン（都市封鎖）を可能にすべきだというのだ。また、被害者数を比較的低く抑えられた韓国を参考に、国家がより多くの個人情報を管理し、公衆衛生に役立てるべきだと主張する論者も多かった。[214]

新型コロナウィルスの特徴は高齢者の方が重篤化しやすいことである。

欧米の一部では「#ブーマーリムーバー（Boomer Remover）」という若者運動が起こった。「ブーマー」とはベビーブーマー、日本でいう団塊の世代のことだ。要は「高齢者のために若者までが自粛を求められるなんてやってられない。街に出よう。どうせ死

213 ただし病気の実態把握やワクチン開発は世界で連携して行われているし、国際物流も続けられている。コロナ危機を「世界共和国への第一歩」とポジティブに捉える社会学者もいる（大澤真幸・國分功一郎『コロナ時代の哲学』左右社、２０２０年）。

214 興味深いことに、個人の自由とプライバシーを重視すべきだと主張してきた人までが、しきりに欧州や韓国の政策を絶賛していた。

ぬのは高齢者だ」という過激な思想である。

しかし日本では深刻な世代間対立は起こっていない。

生活へのダメージが少なかった年金受給者を含めた全国民への定額給付金が配布されたが、財源は赤字国債である。[215] 国難を将来世代への借金で乗り切ったわけだが、そのツケをどう払うかの目処は立っていない。

新型コロナウィルスが新しい社会を作るという議論もあるが、現状で起こっているのはすでに存在している格差の増幅である。「大企業の正社員」や「年金受給者」など、安定した「上級国民」には経済的被害が少なかった一方、不安定な労働者が相対的にリスクの高い職場で働き続けるしかなかった。[216]

最も社会が劇的に変化するのは人口動態が変わったり、世代交代が起こり旧世代の指導者が退陣した時だ。その意味でかつてのパンデミックは社会を変えただろうが、医療

215　国債は「国民の借金」ではなく「政府の借金」なので問題ないという暴論もあるが、もし無限に赤字国債を発行できるならば、世界中の国は徴税を止めているはずだ。政府は生産活動ができないので、財源は徴税に頼らざるを得ない。
216　緊急事態宣言下でも、介護職員やスーパーマーケットの店員は働き続けることが推奨された。若者や女性の労働に頼る比重の多い職場である。

技術の発達した現代日本で新型コロナウィルスの影響は限定的だと考えられる。

2024年問題と2042年問題

未来予測には、人口を見るのが一番いい。一般的に現役世代が多く、高齢者が少ない国のほうが経済成長をしやすいことがわかっているからだ。

人口動態を見る限り、日本の未来は暗いと言わざるを得ない。2024年に日本は、女性の2人に1人が50歳以上、全国民の3人に1人が65歳以上の高齢者大国になる。さらに2025年には認知症患者数が700万人、予備軍を含めると1300万人が何らかの認知障害を抱える可能性があるという。[217]

さらに2020年代後半には若年人口の減少によって輸血用血液の不足が顕在化、2030年代前半には全国の住宅の3分の1が空き家になるという試算もある。2039年には国内死亡者数が168万人とピークを迎え、深刻な火葬場不足に陥ると見られている。[218]

217　NHKスペシャル「認知症社会・誰もが安心して暮らすために」2017年3月26日放送。
218　河合雅司『未来の年表』講談社現代新書、2017年。

そして2042年には団塊ジュニア世代が高齢者になり、高齢者人口が約4000万人に達する。初期フリーター世代である彼らは、十分な資産形成をできないまま老いた者も多いだろう。生涯未婚率の推移を考えると、2割以上は結婚していないはずだ。[219] 寄る辺のない高齢者の集団が大量発生していることになる。

しかもその頃には、認知症高齢者は1000万人に迫る勢いで増え、65歳以上の高齢者の4人に1人が認知症ということになる。[220] 一部のタワーマンションがスラム化したり、鉄道路線やバス路線が次々に廃止される、買い物難民が増え灯油さえ買えず寒さに凍（こご）える「灯油難民」が発生するといった予測さえある。[221]

このように、人口動態と社会保障から日本の未来を考える限り、お先は真っ暗だ。一方で、日本の未来を輝かしく描く論者もいる。

メディアアーティストの落合陽一は、人口減少と少子高齢化に対して「テクノロジー

219　一般に生涯未婚率とは50歳の時点で一度も結婚したことのない人の割合。団塊ジュニアが50代を迎えている2025年に生涯未婚率は、男性は27・4%、女性は18・9%を超えると試算されている（国立社会保障・人口問題研究所「人口統計資料集」2015年）。

220　内閣府「高齢社会白書」2017年。

221　河合雅司『未来の年表2』講談社現代新書、2018年。

で対処していくことができるので、何の問題もありません」と断言する[222]。すごいな。ホワイトカラーの仕事はほとんど機械化が可能だし、自動運転やロボット技術によってあらゆる運搬業務も機械化できるというのだ。

さらに人口減少は日本にとって「大チャンス」でさえあるという。社会が、ロボットで自動化を進める仕組みを受け入れざるを得ないからだ。さらに日本はその経験を海外に輸出できるし、子どもの数が減ることは一人当たりの教育投資の増加にもつながる。

決して新しい発想ではない。１９６０年に科学技術庁が監修した未来予測『21世紀への階段』でも、「オートメーション」の実現により人は労働から解放され、いずれは「機械が経営する時代」が訪れると述べられている[223]。

だが当時、挙げられていた「オートメーション」とは、駅の自動改札や工場の自動化、室温の自動調整、文字の音声入力などのことなのだ。ほとんどは実現しているにもかか

222 落合陽一『日本再興戦略』幻冬舎、２０１８年。「男女を平等に扱うべきという西洋的な考えにはくみしません」「子育ては母乳が出る母が主に担当したほうが、合理的な面もある」などアナクロの思考が埋め込まれ、「懐かしい未来」を体現している意味でも興味深い一冊。

223 科学技術庁監修『復刻版 21世紀への階段』弘文堂、２０１３年。

わらず、人間は全く労働から解放されていない。なぜなら新産業は、新しい労働需要を生み出すからだ。

自動改札は必要な駅職員の数を減らしたかも知れないが、保守点検という新しい仕事を生み出した。工場の自動化は製造業に従事する人の数を減らしたのだろうが、その代わりに多くの人が新しく生まれたサービス産業に従事し、社会は随分と便利になった。

つまり社会の「機械化」は進んでも、元の職場から人間は完全に消えるわけではなく、新しい仕事が次々に誕生することが予測される。

実際の未来はどうなるの？

結局、人口動態から考える悲観的な未来予測、テクノロジー至上主義者の考える楽観的な未来予測、どちらが実現するのだろうか。おそらくどちらも極端なのだ。

労働力不足が本格化する日本で、「機械」による業務効率化は歓迎すべきではあるが、その効果は限定的と見るべきだろう。

雇用ジャーナリストの海老原嗣生は、これから15年で人工知能に代替（だいたい）される仕事は、せいぜい9%程度と推測する。[224] 技術的に可能でも、費用対効果が見合わなければ人工知能への代替は起こらないし、人間の作業は複数のタスクが組み合わさっているため、完全な自動化は難しいことなどが理由だ。

おそらく当面の間、人事・総務業務などは「機械」による省力化が進むだろうが、介護や育児などの分野では人手が必要とされ続けるだろう。

たとえば介護関連の仕事に就(つ)く人は2015年に183万人だったが、このときすでに4万人の人手不足に陥っていた。この不足が2035年には79万人に達するという試算がある。[225] 人間の身体が必要とされる仕事は当面の間、残り続けるのだろう。

現在の社会保障制度は、日本が若い国だった時に整備された「若者に頼りすぎ」の仕組みである。段階的に高齢者の定義は現在の「65歳以上」から「75歳以上」に変更されるはずだ。そのように、騙(だま)し騙し今の制度を維持しながら、2024年問題や2042

224 海老原嗣生『「AIで仕事がなくなる」論のウソ』イースト・プレス、2018年。
225 経済産業省「将来の介護需給に対する高齢者ケアシステムに関する研究会　報告書」2018年。

年問題を乗り越えていくのだろう。[226]

日本に革命は起こるのか

「日本」という国号が生まれてから約１３００年。それは列島にホモ・サピエンスが住み始めた4万年という時間に比べたら、30分の1程度ほどの歴史にしかならない。しかも、北海道や沖縄を含めた現在とほぼ変わらない領土の「日本」が成立したのは、約１５０年前のことである。

その間にも、「日本」が消滅する可能性があった。第二次世界大戦の最中、日本の負け方によっては、東日本と西日本がアメリカとソ連に分断統治されていたかも知れない。反対に、日米開戦を回避できた場合、そのまま領土を維持し、「大日本帝国」が継続していた世界線もある。

たった1世紀半の間にそれだけのことがあったのだ。これからも未来永劫、日本が今のままの姿であるとは考えられない。日本が大きく国の形を変えるとしたら、どのよう

226　高齢者の医療費負担率を上げるなどの制度改革は避けられないだろう。ただし新型コロナウィルスの騒動では、日本の医療制度が再評価された。そのためラディカルな社会保障改革は難しくなったのかも知れない。

な可能性があり得るだろうか。

国が大きく変わるには、いくつかの方法がある。日本に限っても、内戦による権力の委譲（いじょう）、実質的な革命、敗戦による占領などが起こってきた。

高齢化が進む日本では、当面の間、内戦や大きな革命が起こることは考えにくい。一般的に言って、革命やデモが頻繁に起こるのは、国内に若年層が多い時期である。ユースバルジ（若者膨張）というが、仕事や居場所のない若年層が膨大に生まれると、社会が不安定になりやすいことがわかっている。[227]

1億人を超える国で革命を起こそうと思ったら、並大抵ではない知性と統制力を持った集団が必要だろうが、それほど頭のいい人々なら、革命の意味のなさに気が付いているはずだ。[228]

日本が戦争に巻き込まれて、他国の占領下に入るという可能性はゼロではない。しか

227 代表的な事例は1960年代に先進国で起こった若者を中心としたデモや、2010年代のアラブの春などである。詳しくはグナル・ハインゾーン『自爆する若者たち』新潮選書、2008年。

228 岡田斗司夫『「世界征服」は可能か？』ちくまプリマー新書、2007年。資本主義社会においては、日本支配どころか「世界征服」をするメリットは非常に低い。ほとんどの野望はお金で満たされてしまうからだ。

し第二次世界大戦以降、大規模な戦争は世界的にも減少の一途をたどっている。

中国や北朝鮮といった隣国との小規模な軍事的衝突や、日本国籍を持った人間が民間軍事会社の傭兵として命を落とすケースはあるかも知れないが、日本国が他国に対して総力戦を挑（いど）んだり挑まれる可能性は低い[229]。

新型コロナウィルスよりも凶悪な感染症の流行はいつ起こってもおかしくないが、それで日本の形が根底から変わるかは怪しい。1918年のスペイン・インフルエンザの流行のように、喉元を過ぎれば騒動は忘れられていくのだろう[230]。

日本列島が消滅する日

あり得るとしたら、国家としての「日本」が次第に意味をなくしていく未来だろうか。かつては「国家」にしかできないことがたくさんあった。軍事、教育、宇宙開発、社会

229　近代の初期と違い、どの国家も成熟し、守るべきものが多くなった。経済的に相互依存している中で、大規模戦争に踏み切るリスクはあまりにも高い。

230　スペイン・インフルエンザの流行では国内で50万人近くが命を落としたが、歴史教科書は大事件としては扱わない。詳しくは速水融『日本を襲ったスペイン・インフルエンザ』藤原書店、2006年。

保障、インフラの設営などはどれも国家の独占事業ばかりだった。

しかし今や、国家に期待される役割は減る一方だ。軍需産業の一部を民間軍事会社が担うようになって久しいし、アメリカでは宇宙ベンチャーも盛んである。そして気付けば、現代人の日常生活に必要不可欠なサービスのほとんどは、民間企業が担う。

たとえば日本国籍を奪われることと、一生ｉＰｈｏｎｅなどアップル製品を使えず、アプリの使用も禁止される「アップル帝国からの追放」は、どちらが嫌だろうか。生涯グーグルが使えなくなる「グーグル権の剝奪」と比べてもいい。今はまだ日本国籍を選ぶ人が多いかも知れないが、これが数十年後にどうなっているかはわからない。

国家は暴力の独占権や徴税権を手放さないだろうが、もっぱら治安維持と再配分だけを期待された空気のような存在になっていくのではないか。空気のような「日本」がこの先、何世紀続くのかはわからない。

気候変動や隕石衝突などの自然現象で「日本人」が激減することはあり得るかも知れないが、現段階ではＳＦレベルの話である。[231] もちろん、６６００万年前に地上の王者で

231 地球温暖化による海面上昇が、東京や大阪など沿岸部の都市を衰退させることはあっても、それに合わせて新しい国土デザインが実施されていくのだろう。

あった恐竜が絶滅に追いやられたように、決して可能性はゼロではない。地球では過去5億年の間に「大量絶滅」が5回も起きている。どれほど繁栄した動物も、あっけなく滅びる可能性がある。もちろん人類も例外ではない。

化石の記録から計算すると、種の平均寿命は約200万年だという[232]。ホモ・サピエンス種の誕生から約20万年だから、あくまでも平均だけを考えれば人類の歴史はしばらく続きそうだ。そして、恐竜の一部が鳥類として進化したように、仮に「大量絶滅」が訪れても生き残る人々がいるかも知れない。

しかし確実なことは、いずれ日本列島は消滅する運命にあるということだ。あるシミュレーションによれば、今から約50万年後、九州は南北に分断されるという。その場合、別府湾から阿蘇山の北を通り、熊本県熊本市を経て、長崎市雲仙市付近が、その分断線になる[233]。

さらに時間が経つと、日本列島は東から移動してきた太平洋プレート、北上してきた

232 池谷和信編『日本列島の野生生物と人』世界思想社、２０１０年。恐竜に関してはスティーブ・ブルサッテ『恐竜の世界史』みすず書房、２０１９年。
233 「日本列島　創成史」『Ｎｅｗｔｏｎ』２０１８年1月号。

オーストラリア大陸に押しつぶされるように、再びユーラシア大陸へ吸収されてしまう。つまり、中国とアメリカ、オーストラリアに挟まれて消滅してしまうのだ。さらに2億5000万年後までには地球は再び一つの超大陸になっていることが予測される。[234]
万が一、人類が何らかの形で生き延びていた場合、「日本」に関する記憶や記録は残るかも知れないが、物理的な日本列島は間違いなく消えてしまう。
さらに数十億年のうちに、太陽は膨張し赤色巨星に変化する。当然、地球の気温が上昇し、海も蒸発してしまうので、地球生命の寿命は通説では10億年前後だ。つまり、地球や日本列島は有限であることが確定している。日本史とは、その中でもさらにわずかな期間だけ存在していた人間によるバブルのような営みなのだ。

234 非常に気が早いことに超大陸の名前は決まっているが、「パンゲア・ウルティマ大陸」や「アメイジア大陸」など大陸移動のシナリオによって複数の名称がある。プレート移動は数十万年の単位で予測はできても、その先をシミュレーションするのは非常に難しいので、再び超大陸が形成されるというのも、現時点における一つの仮説に過ぎない。

第二部　テーマ史編

8　コメと農耕の日本史

第一部では「日本」の誕生から消滅までを描いてきた。しかし歴史というのは多角的に把握したほうが、より理解がしやすくなる。というわけでこの章からは、「コメ」や「戦争」など特定のテーマに注目しながらこの国の歴史を超高速で振り返っていきたい。

コメがなかった稲穂の国

日本国は美称(びしょう)を瑞穂(みずほ)の国という。[235] 瑞穂とはみずみずしいイネの穂のこと。イネから実を脱穀(だっこく)したコメは、しばしば「日本人の主食」「ソウルフード」と呼ばれる。

しかし日本列島にホモ・サピエンスが住み始めた約4万年前、そこにイネは自生して

235　2017年から2018年にかけてメディアを賑わせた森友学園は「瑞穂の國記念小學院」の開校を予定していた。保守を名乗る人々はしばしば「瑞穂の国」という言葉を好んで使う。

いなかった。[236] 列島に住み始めた人類がまず食料としたのは、ナウマンゾウやオオツノシカなどの大型獣である。[237]

約2万年前、地球の温暖化が始まると、針葉樹の林は、ブナやコナラなどの広葉樹へと進化し、列島は鬱蒼とした森で覆われるようになっていった。植生が変わったことで大型獣は姿を消してしまう。代わりに列島人はイノシシやシカなどの小型・中型哺乳類を狩猟するようになった。彼らは森に稔った木の実も楽しんだ。

温暖化は海水面を上昇させ、内湾を形成する。内陸から栄養分を含んだ水や土砂が運ばれることで、魚介類も繁殖した。

この頃、狩猟採集を止めて、定住生活を始める列島人が増える。定住には、出産や育児がしやすくなる、運動能力の低い障害者や高齢者もコミュニティの一員にできるといったメリットも多く、今でこそ人類のほとんどが定住生活を送っている。[238] しかし、移動

---

236 正確にいえば自生していた可能性はあるが、それはホモ・サピエンスの主食ではなかった。

237 永山久夫監修『日本人は何を食べてきたのか』青春出版社、２００３年。

238 ２０１２年頃の日本では、スターバックスで仕事をしたり、脱サラする人が「ノマド」と呼ばれたこともあった。しかし「ノマド」という言葉も使われなくなり、その提唱者だった安藤美冬もあまりメディアで見かけなくなった。

生活に比べると、実はデメリットも多い。

まずゴミや排泄物による環境汚染の問題がある。適切な清掃や排泄コントロールをしないと、共同体は感染症の温床になりかねない。

また、メンバー間に不和が生じたとしても、定住の場合、逃げ出すのが難しくなる。定住が長くなるにつれて、面倒な約束事も増えていっただろう。

なぜ、列島人は定住生活を始めたのだろうか。獲物を狩りながら移動を繰り返す狩猟採集生活は、人類にとってそれほど悪いものではなかったはずだ。[239]

狩猟採集民は、あまり仕事をする必要がなかった。家事をする必要がなく、狩りだけをしていればよかったからだ。現代のカラハリ砂漠（アフリカ南西部）のような過酷な環境で暮らす狩猟採集民でさえ1週間の労働時間は35時間から45時間だという。自然環境豊かな日本列島だったら、その時間はもっと短かったかも知れない。

狩猟採集民の食生活は、一般的に言って非常に豊かだ。農耕も栽培もしていないのだから、単一の食物ばかりを摂取する必要がない。ベリーやキノコからウナギやイノシシ

239 ユヴァル・ノア・ハラリ『サピエンス全史』河出書房新社、2016年。

まで、バラエティに富んだ食卓には必要な栄養素が揃っていた。比べると、農耕を始めたばかりの人類は同じものばかりを食べざるを得ず、栄養失調に悩まされていた。

しかし約1万年前、世界の様々な場所で、同時多発的に人類は狩猟採集生活を止め、定住生活と農耕を始めるのである。

かつては、人類が発展し、狩猟採集を止めて農耕段階に進歩したのだと考えられていた。だが今ではその説には否定的な意見も多い。一体、何が起こったのだろうか。

農耕革命の発生

一つの理由は気候変動だ。地球は約2万年前、最終氷期が終わり温暖化が始まった。しかし温暖化は一気に進んだわけではなく、何度かの「寒の戻り」を経験している。その中でもインパクトが大きかったのが、約1万1700年前の前後数百年に起こった「ヤンガードリアス」という寒の戻りである。[240]
ヤンガードリアス期の寒冷な気候は、西アジアの植生を貧弱にさせ、野生動物も減少

240 佐藤洋一郎『食の人類史』中公新書、2016年。

させてしまった。つまり、気候の悪化によって食べ物が減った人類は、農耕というイノベーションを起こさざるを得なかったというのだ。[241]

昔、農耕は中東で発祥し、それが世界各地へ広がっていったと考えられていた。しかし今では、各地で独立した形で農耕が生まれたという説が有力だ。

農耕革命は、中東、中国、中央アメリカという限られたエリアだけで起こっている。それは栽培化や牧畜化が比較的簡単な動植物が生息していたからだ。

日本列島では、ヤンガードリアス期の影響はそれほど大きくなかったようだ。[242] 実際、列島で定住が始まったとされる時期は、ヤンガードリアス期よりも古いと考えられているし、一気に農耕が広まったわけでもない。

列島人が定住を始めたのは、温暖化によって移動が必要なくなるほど豊かな環境が訪

241 それよりも前の時代にも定住や農耕は散発的には発生していたはずだ。1万年ほど前から気候が安定したことで、世界的に農耕が広まる土壌が整ったとも言える（池谷和信編『狩猟採集民からみた地球環境史』東京大学出版会、2017年）。
242 安田喜憲『人類一万年の文明論』東洋経済新報社、2017年。

れたからという説[243]や、漁猟のためという説[244]などがある。

狩猟に必要な弓矢や掘棒などは容易に携帯が可能だが、魚網や梁、筌といった定置漁具の運搬は難しい[245]。モリやヤスなどの漁具でも魚は捕れるが、漁獲量が比べものにならない。

事実、列島人は地域によって様々な魚介類を楽しんでいたようだ。たとえば、関東地方の貝塚ではクロダイやハマグリ、富山県ではサメ、石川県ではイルカの骨が見つかっている。さらに東京の中里貝塚の発掘成果をもとに、カキの養殖が行われていたと考える研究者もいる。このように恵まれた環境があったならば、列島に農耕なんて必要なかったのではないか。

列島の農耕はいつ始まったか

いつ日本列島で農耕は始まったのだろうか。

---

243 岡村道雄『縄文の生活誌　改訂版』講談社、2002年。
244 西田正規『人類史のなかの定住革命』講談社学術文庫、2007年。
245 梁とは川の瀬などに木を並べ、水をせき止めて魚を捕るための仕掛け。筌は筒などの形をした魚を捕る道具。

たとえば大豆ならば、約7000年前に当たる紀元前5000年から紀元前4000年頃、東日本で栽培が始まっていた。[246]

かつて大豆の起源は東北アジアにあり、稲作と共に列島へ訪れたと考えられていたが、最新の古民族植物学によって、より古い時代から大豆や小豆が列島で栽培化されていたことがわかったのだ。

マメ栽培は列島中に拡大し、紀元前2500年から紀元前1600年頃には東北から九州の広いエリアで栽培大豆が確認されている。

これが「農耕」なのかどうかは定義次第だが、「縄文時代」にも植物栽培があったことは確実視されている。[247] 現代人の感覚からすればマメは副菜だが、実際はタンパク質が豊富で、人口増加の原動力にもなる。事実、縄文時代の集落の大規模化には、マメをはじめとした植物栽培が大きな役割を果たしていたようだ。

主に食べられたのはドングリ、クルミ、クリの実などだ。集落周辺の森林資源に手を

246 小畑弘己『タネをまく縄文人』吉川弘文館、2015年。
247 縄文時代は約1万6000年前から3000年前まで続いた時代。土器の使用、定住の進行などが特徴として挙げられる。次の弥生時代から農耕(水田稲作)が始まったと定義されることが多い。

加えることで、植物を栽培・管理していた。

中でもクリは重要だ。ドングリと違ってアク抜きの必要がなく、貴重なデンプン供給源なのだ。クリは、列島に限らず東アジアで広く食用に供されていて、栽培化がかなり進んでいたと考えられる。さらに建築材や燃料材としても応用可能である。

三内丸山遺跡から発掘されたクリの殻は、野生のクリよりもはるかにＤＮＡパターンが似通っていた。つまり人間が何らかの形でクリの植生に介入していた可能性が高い。

こういった植物を楽しむために活躍したのが土器だ。土器は、木の実を軟らかくしたり、アクを抜くためにも活用された。採集した粘土を器の形に整え、乾燥させた後、７００度から９００度の高温で野焼きすることで完成する。

現在見つかっている世界最古の土器は、中国の江西省で発掘された約２万年前の土器破片。列島では、青森県から１万６０００年前のものと見られる土器破片が見つかっている。[248]

248「中国で世界最古の土器片」『日本経済新聞』２０１２年６月29日朝刊。

ついに稲作は始まったけれど

さて、「日本人の主食」であるはずのコメは、いつ列島に訪れたのだろうか。野生のイネの起源は、古生代末とも新生代の始まりとも言われる。[249]

６５００万年前に始まった新生代は、イネにとって有利な時代だった。温暖で湿度の高い中生代は陸地の多くが森に覆われていて、イネのような小さな草の繁殖には不利だった。それが新生代になると、地球環境が不安定になり、森が発達できなくなったのだ。森が再生するペースよりも早く次の氷河期が訪れると、草原が増える。イネは、世界中の熱帯地方に広がっていった。

時代は一気に下る。イネの栽培化は、中国長江の下流域で始まったらしい。稲作を示す遺跡が、江蘇省や浙江省に集中しているのだ。最も古い栽培イネは、約８０００年前のものと考えられている。

この栽培イネは、中国大陸や朝鮮半島のいずれかを経由して日本列島にたどり着

249 古生代末なら約2億５０００万年前の、恐竜が誕生する前ということになる。イネに関しては、佐藤洋一郎『イネの歴史』（京都大学学術出版会、２００８年）参照。

いた。[250] 水田稲作が始まったのは、紀元前10世紀（今から約3000年前）頃と見るのが有力だ。昔は紀元前4世紀頃が稲作の開始と考えられていたから、これでもだいぶ遡（さかのぼ）ったのだが、列島人類史から考えると、それほど昔のことではない。

列島に人類が住み始めた4万年前から現在までを1年間で考えた場合、紀元前10世紀は12月5日前後にあたる。コメは「日本人の主食」といいながら、列島の人々がコメを食べていた期間は非常に短いのだ。

列島最古と見られる水田跡の一つが、佐賀県唐津（からつ）市の菜畑（なばたけ）遺跡だ。[251] 玄界灘（げんかいなだ）に面した唐津では、多くの遺跡が発見されている。1980年に行われた菜畑遺跡に対する調査では、炭化米（たんかまい）、鍬（くわ）、石包丁などが見つかり、1990年には歴史博物館と公園として整備された。

ポイントは水田だけではなく、鍬などの木製農具、石包丁といった穂摘具（ほづみぐ）も発見され

---

250 朝鮮半島経由説、長江の河口から九州への直接渡来説、沖縄や南洋諸島からの「海上の道」説などがある。

251 もっとも「稲作＝水田稲作」と考える必要はない。畦や灌漑施設がなくてもイネを育てることはできるからだ。

ている点だ。[252] つまりただイネだけが渡来したのではなく、水稲耕作というシステムが一括して輸入されたのである。[253]

ただし水田といっても、当初は土盛りの畦と素掘りの水路だけだった。それが時代が新しくなるにつれ、木の矢板を打ち込んだ畦や水路になっていったという。[254]

しかし菜畑の人々は、稲作だけをしていたわけではない。遺跡からは野ウサギやムササビ、ジュゴンやイルカといった動物の骨、サメやブリなど魚の骨も多く出土している。彼らは、稲作と、狩猟採集や漁労、畑作とを組み合わせながら生計を成り立たせていた。

つまり、技術が伝播したところで、コメは「日本人の主食」にはならなかった。

そもそも水田稲作も一気に列島に広がったわけではなく、しばらくの間は畑作の面積のほうが広かっただろう。実際、弥生時代の遺跡ではイネよりもドングリのほうが多く

252 『末盧館展示図録』唐津市教育委員会、1993年。

253 木村茂光編『日本農業史』吉川弘文館、2010年。同時期に、稲作システムだけではなく、環濠集落という集落形態、支石墓などの墓制、水田耕作に関する祭祀、金属器の使用なども輸入された。以下の古代、中世に関する農業政策に関する記述は同書による。

254 矢板とは水の浸入を防ぐために打ち込む板状の杭のこと。水田からはタガラシという中国山東省以北に生息する雑草も発見されており、稲が大陸や半島からもたらされたことがわかる。

出土している。[255] 当時のムラには「ドングリ・ピット」という堅果(けんか)類を蓄えた貯蔵穴(ちょぞうけつ)があり、必要に応じてアク抜きのために水さらしされていた。

弥生人はついにコメだけでお腹を満たすことができなかったようだ。コメは、単独で蒸して食べるというよりも、ドングリなどの堅果類、雑穀、イモなどと混ぜながら粥(かゆ)のように食されていたらしい。[256] 古代人の味覚はわからないが、とてもまずそう。

コメの特徴は、食後血糖値を上げる効果（GI値）が高いことだ。当時の人には「食べると元気の出る不思議な食べ物」に見えただろう。[257]

今ではダイエットの天敵とされる高GI値食品だが、農耕作業や陵墓造営など肉体労働に従事する人にとってはありがたかったはずだ。白米を精製する技術はなかったから、胚芽米(はいがまい)のようなものを食べていたと推測されている。

---

255 寺沢薫『王権誕生』講談社学術文庫、2008年。

256 3世紀の「邪馬台国」を中国目線で描いた『魏志倭人伝』では「稲やアワを栽培する」という記述はある。しかし「魚、ハマグリ、アワビ」を採取する、「ショウガ、タチバナ、サンショウ、ミョウガ」が自生しているのに利用しない、一年中「生野菜」を食べるとも書かれており、コメはあくまでも食材の中の一つだったようだ。

257 佐藤洋一郎『米の日本史』中公新書、2020年。GI値とは、食後血糖値の上昇度を示す指数。

当時の人々が、コメだけに飛びつかなかったのは賢明な判断だといえる。夏場に台風が訪れたら、一気にコメの収穫が見込めなくなるからだ。ドングリやクリなどの堅果類は秋に稔る。つまり、栽培食料を多角化することで、気候変動に対するリスクヘッジを図っていたのだ。[258]

農業は不幸の始まり

世界的に見て、農業革命は必ずしも人々を幸せにしなかった。食料の総量は増加し、人口も増えたが、栄養素の偏りや新しい疾患が生まれたからだ。

多種多様な食べ物を楽しんでいた狩猟採集時代と違い、農耕社会での食事はコメなど単独の食べ物に依存することになる。結果、栄養価が偏り、ビタミンやミネラルが不足してしまうことも多かった。また農耕への移行のせいで、椎間板ヘルニアや関節症など新たな疾患ももたらされた。はしかや天然痘など家畜から人間へ伝染した病気も多い。集団生活は疫病の温床である。

258 石川日出志『農耕社会の成立』岩波新書、2010年。

『サピエンス全史』では、人間が動植物を家畜化したのではなく、動植物によって人間が家畜化されたと皮肉られている。

列島で戦闘行為が増えたのも、定住が始まり、稲作が普及してからだ。

狩猟採集民同士にも争いはあっただろうが、互いが距離を作ることであっさりと戦争は回避できた。特に列島では面積に対して人口が少なかったため、集団が遭遇することさえ少なかっただろう。

しかし、定住生活ではそうはいかない。

国家が成立する以前の農耕社会では、暴力の発生率が極めて高かったことが知られている[259]。列島内では、北部九州での戦争が過酷だったようだ。集落がひしめき合い、当時の技術では耕地拡大にも限界があった。食料不足を克服するための土地争い、水争い、略奪行為などが定期的に起こっていたのだろう。

飢餓に苦しむ定住コミュニティにとって、略奪は合理的な選択である。自分たちの土地を放棄できないのだから、他のコミュニティから作物や家畜を奪うしかない。世界中

259 アザー・ガット『文明と戦争』中央公論新社、2012年。

で農耕民たちの戦争が観察されている。[260]
戦いの時代は大和政権の成立で一段落を見たが、コメの生産力は数百年の間、低いままだった。牛馬耕などのイノベーションで7世紀から8世紀には、東日本でも水田面積の拡大は確認されているが、列島中に水田が広がるのはまだ先だ。

8世紀には、教科書にも載っている「三世一身法」や「墾田永年私財法」が出され、水田開発が推奨された。

古代国家は世界的にコメや麦などの穀物を徴税単位としている。穀物は、毎年ほぼ同じ時期に収穫が可能で、運搬もしやすい。脱穀せずにおけば保存期間も長くなる。要は国家から見て管理のしやすいアイテムだったのだ。

しかし、中央政府の思惑通りに開発は進まなかったらしい。奈良盆地を対象とした研究では、本格的に水田開発が進んだのは、権力者たちが荘園開発に明け暮れた11世紀以降であることが示唆されている（3章）。

また政府も、水田開発だけを推奨したわけではなかった。715年に出された詔（天

260 ジェームズ・C・スコット『反穀物の人類史』みすず書房、2019年。

皇の命令）では、百姓は水田耕作ばかりをすると指摘し、干魃（かんばつ）時の飢餓を防止するためにクリなどの畑作をするべきだと指南している。

しかも11世紀に本格的に水田開発が進んだといっても、一度耕作された後に放棄された土地や、休耕地も多かった。[261] 水田稲作は繰り返し耕作しても連作障害が起こりにくいとされるが、そもそも水田の維持は簡単ではない。化学肥料や農薬なしに、雑草や害虫の駆除を行うのは至難の業だ。

列島で「見渡す限り水田」といった風景が珍しくなくなったのは、江戸時代に突入した17世紀のことである。列島中で大規模な新田開発が行われたのだ。新しい村も増え、人口も大きく増加した。[262] さらに『農業全書』などの農業マニュアル本が普及し、知識が列島中で共有されるようになった。

だが江戸時代になっても、都市部をのぞいてコメは主食にはならなかったようなのだ。

261　佐藤洋一郎『稲の日本史』角川ソフィア文庫、２０１８年。
262　１６００年に１２２７万人だった人口は、１７２１年に３１２８万人まで増えたと推測されている（鬼頭宏『人口から読む日本の歴史』講談社学術文庫、２０００年）。

コメが主食になったのは100年前

明治時代初期にあたる1878年、日本各地の米食率が調査されている。驚くのはコメのみを主食にしている地域がないことだ。畿内や中国地方では5割を超えることも多いが、多くのエリアでは3割前後にとどまる。彼らは、コメだけではなく、麦や雑穀、イモやダイコン、カボチャなども主食としていたのだ。[263]

都市部では江戸時代から米食が普及していて、明治初年にはすでに米食が主流になっていた。しかしそれも貧困者は例外。彼らは残飯屋でその日の食事を何とかする有様だった。「南京米」の粥など「上等」の食事にありつける時もあったが、主流は麦やアワだった。白米が食べられることが軍隊の魅力になったわけだ。

全国的に米食比率が高まるのは、何と1920年代のことである。

しかし「日本人の主食」になったはずのコメには、さっそくピンチが訪れる。コメ需要の拡大に国内の生産が追いつかなかったのだ。政府はサイゴン米や朝鮮米など外米輸

263 大豆生田稔『お米と食の近代史』吉川弘文館、2007年。

入で難局を乗り切ろうとした。しかし輸入には多額の費用がかかり、1919年には時の首相が節米と、米麦混食の呼びかけまでしている[264]。

1920年代以降は、植民地を利用しながらコメの「自給」が目指され、20年代末までにほぼ達成された。人々が小麦など他の食料でもカロリーを摂取するようになったのも遠因だ。しかし1937年から日中戦争が始まると、海外からの小麦輸入量が激減、さらに1939年の大干魃で「自給」の破綻が明確になる[265]。

外米の輸送が困難になったことに加えて、徴兵と戦時動員によって、農業に必要な若い労働力が決定的に不足する。また農機具の供給や、肥料工業も軍事転用され、日本農業は決定的なダメージを受けた。さらに1945年は記録的な凶作だった上、敗戦によって朝鮮・台湾からの移入米が途絶えてしまう。

一方で、復員と引き揚げによって、敗戦から1947年末までだけで536万人が列

264　1919年に原敬が「米麦混食の奨励」という小論を発表している。当時の政府は拡大した米食に対応するために、莫大な予算を外米買い付けに費やしていた。
265　1940年には米穀の国家管理が始まり、食料増産政策が強化された。しかし、1941年から食料品供給率は、1930年代の水準を下回り始める。

島へ戻ってきた。これに戦後のベビーブームも加わり、この国は深刻な食料難に陥る。
日本はアメリカの食料援助を積極的に受け入れ、食料をアメリカからの輸入に大きく依存する構造が確立された。アメリカの思惑もあり、戦後の学校給食ではパンと脱脂粉乳が提供され、長らくコメが排除されていた。給食でコメが一般的になったのは、何と1976年のことである。

しかし国内農業は順調に戦後復興を遂げ、1955年には初めて米の総生産量が1000万トンを超えた[266]。動力耕運機の導入、品種改良、肥料や農薬の増投が功を奏したのだ。

昭和人は大いにコメを食べた。1962年には一人当たりのコメの年間消費量が118・3kgを記録している[267]。肉体労働に従事する若者が多かった時代、コメは経済成長の原動力になったのだ。

糖質制限ダイエットの大流行

266 この年には東芝が初の自動式電気炊飯器を一般販売している。
267 農林水産省「食料需給表」。

戦後もしばらくコメは輸入に頼らざるを得なかったが、1970年代以降ようやく輸入量が皆無に近くなった。20世紀を通じてこの国を苦しませていた「コメ不足の時代」がようやく終わりを告げたのだ。

しかし皮肉なことに、コメ不足の解消と同時に、コメ余りの時代が訪れる。コメの消費量は減少し続けた。1980年には78・9kg、2000年には64・6kg、2018年には53・8kgにまで落ち込んでいる。これは食生活が豊かになることで、コメ中心の食卓が消えたからだ。

炭水化物をパンで摂ったり、肉やフライなど欧米型の食生活を好む人も増えた。平均摂取カロリーも減少しているから、高齢化の影響も大きいはずだ。

さらに今、全く別の角度からコメに深刻な危機が訪れている。糖質制限ダイエットの大ブームだ。

2000年代半ばから糖尿病対策として注目を浴びた糖質制限食は、次第に一般人のダイエットにも有効だと考えられるようになった。糖質制限は「誰でも簡単に、短期間で努力なしに、ほぼ確実に瘦せられる」ダイエット法として大流行した。[268]

糖質の中でも目の敵にされているのが白米である。2018年にヒットした『世界一シンプルで科学的に証明された究極の食事』という本では、「白米は砂糖とほぼ同じ」であるとされ、一日にお茶碗2杯から3杯で「糖尿病のリスクが上がりはじめる」という。同書は、白米は「少量でも身体に悪い」と断言する。[269] どうやら、白米など「白い炭水化物」は太るばかりではなく、身体にも悪いらしい。[270]

これからもコメの消費量は減少の一途をたどるだろう。「日本人の主食」の位置を奪われる日も近いのかも知れない。1993年のようなコメ騒動はもう起きないはずだ。[271] 仮に異常気象でコメ不足になっても、現代人があれほどヒステリックにコメに執着する

268 夏井睦『炭水化物が人類を滅ぼす』光文社新書、2013年。

269 津川友介『世界一シンプルで科学的に証明された究極の食事』東洋経済新報社、2018年。健康になるという観点において、信頼度の高い論文の知見を集めた一冊。

270 新潮社の社食は、炭水化物に炭水化物をぶつけることで有名。主食が上海焼きそば、おかずが海老チャーハンといった具合である。

271 1993年、日本列島は歴史的な冷夏に見舞われ、コメの収穫高は全国平均で前年の7割にまで落ち込んだ。ヤミ米（自主流通米）が増大し、食糧管理制度の改革へつながった。結果としてコメの流通規制が大幅に緩和される。

とは思えない。

この章で見てきたように、コメは太古の昔からこの国に存在したわけではない。列島が狩猟採集時代だった頃、人々は毎日違う肉や木の実を食べて暮らしていた。現代の豊かな食生活は、そのアップデート版と言えるのかも知れない。コメが「日本人の主食」から転落することを、過剰に悲しむ必要はない。

日本中がコメだけを主食にできたのは、わずか100年前のことなのだ。しかも国産米だけで胃袋を満たせるようになったのは1970年代以降だ。列島人類史4万年を365日で考えた場合、それは、大晦日の出来事である。

9　神話と物語の日本史

セックスから生まれた日本列島

日本という国はいつどのように始まったのか？

日本列島が今と近い形になったのは約300万年前、ホモ・サピエンスが列島に到達したのは約4万年前と言われている。地域のリーダーが連合国家を形成し、「日本」という国号や「天皇」という呼び名が生まれたのは約1300年前だ。

しかし神話は全く別の「日本の始まり」を描き出す。720年に完成した『日本書紀』という国家公式の歴史書は、次のような記述で始まる。[272]

昔、天と地がまだ分れていなかった頃、卵の中身のように固まっていない中に、ぼん

272　宇治谷孟『全現代語訳　日本書紀』講談社学術文庫、1988年。

やりと何かが芽生えを含んでいた。その中で澄んだものが天となり、重く濁ったものが大地となった。その後、天地の中に神が生まれた。

何柱もの神が誕生したのだが、重要なのはイザナギとイザナミという兄妹神だ。彼らの近親相姦により、「大日本豊秋津州」（本州）や「筑紫州」（九州）といった島々が生まれ、列島が形成された。

日本はセックス、しかも近親相姦によって誕生したのだ。

これが『日本書紀』に記された天地開闢と国生みの物語である。その後、神々が地上に降り立ち、大喧嘩などを繰り広げた後、その子孫の一人が列島を征服して、天皇として即位するという流れだ。同時期に成立したとされる『古事記』も大まかなストーリーラインは一致している。

「ＬＧＢＴ」支援がとんでもないと主張する自民党議員からすれば、近親相姦で国が始まったなんて受け入れがたいストーリーだろうが[273]、保守派の人々が歴史教科書に日本神

273　杉田水脈「『ＬＧＢＴ』支援の度が過ぎる」『新潮45』２０１８年８月号。

話を掲載することを訴えていた時期もある。[274]

しかし興味深いのは、この奇想天外なプロットだけではない。実は類似（るいじ）の神話が世界各地で見つかっているのだ。

世界の神話はたった二つに分けられる

世界神話学説というものがある。[275] その説によれば、世界中の多種多様な神話はたった二つのグループに分けられるという。

一つ目はアフリカ中南部やオーストラリアに伝わるゴンドワナ型神話群だ。ホモ・サピエンスの初期移動と共に広まった神話群であると考えられている。

ゴンドワナ型神話では、世界は最初から存在し、神による天地創造シーンがない。興味の中心は動植物や地形の起源であり、物語性も弱い。つまり、「物語」という営みが

274 育鵬社編『新編 新しい日本の歴史』（2015年）では、「神話に見るわが国誕生の物語」というページが設けられ、列島誕生から国家統一までの流れが描かれている。イザナギとイザナミは「男女の神」とだけ記され、セックスに関する描写は飛ばされている。

275 後藤明『世界神話学入門』講談社現代新書、2017年。

成立する前の、ホモ・サピエンスの原初的な思考だとも見なせそうだ。

もう一つはヨーロッパやアジアで広く観察されるローラシア型神話群である。この神話群では、世界は無から始まることが多い。最初の神、特に男女神の誕生が語られ、天地の分離が描かれる。そして大地の形成と秩序化、光の出現、竜退治といったテーマへと続く。

成立はゴンドワナ型神話群よりも新しく、西アジア文明圏を中核として生み出され、集団の移動によって各地に伝播（でんぱ）していったと考えられている。

日本神話は、明らかにローラシア型神話に属するモチーフが頻出する。国生みの神話に限っても、沖縄、東南アジア、ポリネシアの神話との共通点が多く指摘されてきた。『古事記』によれば、列島を生んだイザナギとイザナミという神は、柱の周りをそれぞれが回って出会う。[276]

しかし女神であるイザナミから声をかけてしまったことで、最初のセックスは失敗して、きちんとした子どもを産み損なってしまう。この点は東南アジアの神話と共通点が

276　イザナギとイザナミは兄と妹でありながら夫婦でもある。

あるばかりか、今でも似たような儀式が中国南西部で行われている。

日本から多くの観光客が訪れるハワイの神話とも共通点が多い[277]。

現地の神話によれば、天空神と女神はまずハワイ島とマウイ島を生んだ。しかし天空神は女神が留守の間に他の女神たちと関係を持ち、ラナイ島やモロカイ島を生ませた。これに怒った女神は、他の神と通じてオアフ島を生んだという。多少の違いはあるが、男神と女神のセックスによって島を生んだという点は完全に一致している。

また死んだイザナミを追って、イザナギが黄泉の国へ行くというくだりは、ニュージーランドのマオリ族の神話に似た話が確認できるばかりでなく、遠く離れたギリシャ神話のオルフェウスの物語ともよく似ている。

日本からギリシャまで直線距離で9000km以上。現代でも飛行機を乗り継いで15時間以上かかるのだから、神話が成立した時代に互いの土地に密な交流があったとは考えにくい。

しかし日本神話とギリシャ神話が似ていることは、実は何も不思議ではない。なぜな

277 吉田敦彦『日本神話の源流』講談社学術文庫、2007年。

らこの黄泉の国の筋書きも、世界各地で確認することができるからだ。

文字なき時代の物語

このように日本神話は日本独自の物語ではない。それも人類の移動を考えれば納得できる話だ。そもそもホモ・サピエンスはアフリカから世界各地へ広がっていったのだし、その後も人類は移動を続けた。

世界中で、人々が盛んに交易をしていた痕跡が多数発見されている。[278] 絶対数としては多くないだろうが、海を越えた交流もあった。物流があったということは、人間の接触もあったことを意味する。行商人のような旅人もいたし、移住者もいただろう。彼らはモノだけではなく、神話の運び手でもあったはずだ。

神話というと大げさだが、要は面白い小話や噂話のようなもの。「神様が死んだ奥さんを探しに死者の国へ行ったんだけど、もうその国の食べ物を口にしてしまったから帰れないって言われたんだって」というような物語が、数世代、数十世代かけて口伝され

278　列島内に限っても、青森県の三内丸山遺跡で、新潟県糸魚川のヒスイや、岩手県北部のコハクなどが見つかっている。また黒曜石が縄文時代の交易の証拠としては有名である。

たのだろう。

現代と比べれば情報伝播のスピードは信じられないくらい遅かったはずだが、魚や肉といった生物を届けるわけではない。物語に賞味期限はないから、伝達には何百年、何千年かかってもいい。

その伝言ゲームで、物語は何度もリメイクされながら、各土地に定着していった。

もちろん失われてしまった物語も多くあっただろう。現代人がそうした神話を楽しむことができるのは、ある時期に人類が文字を発明し、物語を記録に残そうとしたからだ。

定説によれば、紀元前３５００年から紀元前３０００年の間に、文字は発明された。[279]

現在のイラク・クウェートにあたるメソポタミア地域で、絵文字が使われ始めたのだ。

発見された粘土板には「２９０８６大麦　37ヶ月　クシム」などと書かれていて、クシムという人物が大麦を受領した行政文書だと見られている。

このようにメソポタミアで文字は簿記のために使用された。文字が神話や文学を伝えるために用いられるようになるのは、それからさらに５００年以上後のことだ。有名な

279 ユヴァル・ノア・ハラリ『サピエンス全史』河出書房新社、２０１６年。

ギルガメシュ叙事詩（じょじし）の成立は紀元前２０００年前後なので、文字の誕生から１０００年以上が経過していることになる。

数万年前の人類がすでに「文字」のような記号を使っていたことを示唆する研究もあるが[280]、世界の権力者が、支配のために文字を使うようになったのはこの５０００年のことと考えていいだろう。

日本列島にいつ文字が伝わったのかははっきりしない。記憶力の代わりとしてこれほど便利なものはないのだから、稲作や鉄の伝来と同じくらい古くてもいいと思うのだが、確実な証拠は何もない。

ある程度の規模の共同体を運営する時に、文字は必須のように思える。列島中には同じ比率の前方後円墳が作られている（２章）。つまり設計図があったということだ。ただのイラストよりも但し書き（ただしがき）があったほうが便利だろうし、少なくとも数字くらいは必須だろう。しかし古墳の設計図は見つかっていない。

「奉」や「竟」などの漢字が刻まれた2世紀から3世紀のものと見られる器は発見され

280　ジェネビーブ・ボン・ペッツィンガー『最古の文字なのか？』文藝春秋、２０１６年。

ているが、使い方は文字よりも記号に近い。[281] 他にも「子」などの漢字が書かれたと主張する紀元前後（約２０００年前）の硯（すずり）なども発見されているが、[282] 列島で文字が日常的に使われていた証拠にはならない。

専門家も認める列島内における最古の文字使用例は、埼玉県で発見された鉄剣に書かれた１１５字だ。[283] 鉄剣自体は１９６８年に出土していたのだが、１９７８年の保存処理の作業中、剣の両面に文字が彫られていることがわかった。

そこには「乎獲居（ヲワケ）」という人物の８代にわたる系譜と、彼らが先祖代々「獲加多支鹵（ワカタケル）大王」（大王とは天皇のこと）に仕（つか）えてきたことが記されている。冒頭には「辛亥年七月」に記されたとあり、４７１年に雄略（ゆうりゃく）天皇に仕えていたヲワケという人物に関連する鉄剣だとする説が有力だ。

---

281 市大樹『飛鳥の木簡』中公新書、２０１２年。

282 「弥生時代『すずり』に最古の文字か」『毎日新聞』２０２０年２月２日朝刊。

283 稲荷山古墳で発見された鉄剣で「稲荷山古墳出土鉄剣」や「金錯銘鉄剣」と呼ばれる。発掘当初は鉄サビと鞘の木質に覆われていて、銘文があることはわからなかった。奈良の研究所でサビを落とす作業中に、金色に光る部分が発見され、X線にかけられた。（埼玉県立さきたま史跡の博物館編『ガイドブックさきたま』２０１６年）。

鉄剣が発見されたのは埼玉という辺境の地。5世紀には列島で広く漢字が使用されていたことがわかる。漢字だけではない。4世紀後半から5世紀にかけて大陸や半島起源の新しい知識が列島で共有されるようになった。色彩や器の好みなどの生活様式から家族のあり方にまで海外からの影響が見て取れる[284]。

その頃には神話も文字で編まれていたかも知れないが、現存はしない。今も残る最古の神話は8世紀初頭に成立した『古事記』と『日本書紀』である。両書は類似点が多く、まとめて記紀（きき）と呼ばれる[285]。

残された都合のいい物語

記紀のおかげで、現代人は古代の神話に触れることができる。しかし物語を残したのは、当時の権力者たちだ。その時点では、今よりも多くの神話が存在していただろう。

284　かまどや須恵器の使用、横穴系の墓制、男系の親族構造など列島の文化に大きな変化が見られる（藤尾慎一郎・松木武彦編『ここが変わる！日本の考古学』吉川弘文館、2019年）。

285　『日本書紀』が720年に完成したことはほぼ間違いない。一方、712年に編纂したとされる『古事記』は、697年から791年までの歴史を記録した『続日本紀』に言及がなく、（一部）偽書説を唱える研究者もいる。記紀には重複する内容も多いが『古事記』は出雲神話に大きな紙幅が割かれている。

そこから取捨選択が行われ、自分たちにとって都合の悪い歴史は抹消されたはずだ。

　そもそもローラシア型神話は、権力者に都合のいい物語である。王や貴族が誕生した理由を説明し、権力を正当化してくれるからだ。世界中で同じようなローラシア型神話が残されているのも、権力者たちが積極的に神話を活用しようとしたためかも知れない。

　記紀では、神々の物語が描かれた後、その子孫である天皇家の歴史が続く。注意しなければならないのは、記紀が成立したのが８世紀初頭だということだ。そこには天皇家の事情に加えて、藤原氏という氏族の意向が色濃く反映されていると考えられる。

　この本ではできるだけ固有名詞を出したくないのだが「藤原氏」の話をしないわけにはいかない。７世紀半ばの国内改革で突如、歴史に登場し、その後１０００年以上にわたって国政に関与し続ける一族である。

　６４５年の「大化の改新」で大活躍した「中臣鎌足」が、死ぬ間際に「藤原」という名前を天皇から与えられ、鎌足の子供である「藤原不比等」がその後の藤原氏の礎を築いた（とりあえず、これだけ覚えておけば十分だ）。

　藤原氏の影響の強さは、現代の名字にも残されている。日本には「佐藤」「伊藤」「加藤」など「藤」のつく名字が多いが、これらは藤原氏の末裔（自称を含む）であることが多い。「佐藤」なら「佐野の藤原」、「加藤」なら「加賀の藤原」といった具合だ。

彼らは天皇家に一族の娘を嫁がせるという戦略で何世代にもわたって栄華を誇ってきた。「天皇制の本質」を「天皇の潜在的な権限を、天皇の外戚（母方の親戚）となった藤原氏が利用して権力を掌握する」ことだと評価する研究者もいる[286]。少なくとも天皇家と藤原氏が相互に補完し合って、国家の中枢を掌握していたのは間違いない[287]。

11世紀からは上皇や武士が台頭してくるが、藤原氏はしたたかに生き残った。あの豊臣秀吉も「関白」を名乗るために、藤原に改姓した時期がある。

ちなみに藤原氏の本家は、近衛家・鷹司家・九条家・二条家・一条家という五摂家に分かれたが、明治天皇の皇后は一条家の出身である。また昭和天皇の生母も九条家の出身だった。つい最近まで藤原氏は天皇家に関与し続けていたのだ。

記紀に描かれた神話も、藤原氏が次期天皇として擁立したい人物に好都合となるよう

286 大山誠一『神話と天皇』平凡社、２０１７年。
287 倉本一宏『藤原氏の研究』雄山閣、２０１７年。『日本書紀』が完成したのも、藤原不比等が死ぬ間際である。彼の存命中に編纂を間に合わせようという意図があったのだろう。

に演出された可能性さえある。[288]
天皇を隠れ蓑(みの)にして実権を握ることを試みた藤原氏にとって重要なのは、天皇の神格化だったはずだ。神格化に必要なものこそ、まさに物語である。
『C．M．B．』という漫画に次のようなやり取りが登場する。[289]

「王様ってのはなんであんな面倒な儀式をやって冠をかぶってると思う？」

「そりゃ威張りたいから」

「ありゃ殺されないようにかぶるんだよ。力で支配者になれば、他の支配者になりたい奴らに当然命を狙われる。そうならないために支配者として特別な存在なんだと皆に広めなきゃならん。だから選挙したり大仰な戴冠式をやったりするんだよ」

288 大山誠一『天孫降臨の夢』NHKブックス、2009年。
289 加藤元浩『C．M．B．』38巻、2018年。13世紀のアイスランドの政治家スノッリ・ストゥルルソンとその子分との会話。スノッリは実在し、北欧神話『エッダ』の編纂者としても有名。引用に際しては句読点を補った。

時代も国も違う人物のやり取りだが、これはまさに7世紀から8世紀にかけての日本にも当てはまる。7世紀半ばにクーデターによって権力を手にした天皇と藤原氏は、自分たちが次のクーデターの標的とされることを恐れていたはずだ。

そこで神話を自分たちに都合よく編集しようと考えてもおかしくはない。もちろんすでに流通していた神話や、歴史書もあったから、[290] 全くのゼロからの創作ではなかった。しかし権力者にとって歴史の「編集」や「改竄」はお手の物だろう。

天皇は神の子孫であり、その血筋は現在に至るまで途絶えていないという「天孫降臨」と「万世一系」の神話が構想され、それが正史として記録されたのが『日本書紀』だ。[291] 同書は、神話や創作の占める割合が多いが、歴史書という形式を採用している。

290 記紀以前に『帝紀』という皇統譜、『旧辞』という歴史書が存在したと考えられている。また『日本書紀』には「一書曰」という形で数多くの文献が引用されている。

291 第15代の応神天皇、少なくとも第26代の継体天皇からは実在したと考える研究者が多い。継体天皇は、宮内庁の凡ミスにより陵墓を発掘できる数少ない天皇だ。明治時代に宮内庁が三嶋藍野陵を陵墓として指定したのだが、今城塚古墳こそが本当の継体天皇陵だと考えられている。発掘調査により大規模な埴輪祭祀場などが発見された。

結果的に『日本書紀』のもくろみは成功したのだろう。その後の歴史におけるほとんどの時代、天皇は実質的な権力を持たなかった。強大な軍事力はないし、財政的に裕福なわけでもない。そんな天皇家が生き残った理由が、彼らの権威にあるとするならば、その根源の一つは間違いなく『日本書紀』が記した神話群である。

最も日本が一神教に近付いた時代

神話によって国家を統治する。「昔の人は神話なんてものを真剣に信じていたんだな」とバカにしそうになるが、何とその発想は近代になっても受け継がれた。

1868年の明治維新で、近代日本は古代を参照せざるを得なかったからである。[292] 明治維新の中心となったのは薩摩や長州といった「辺境」の士族たちだったが、彼らは自分たちが名実ともに「日本の王様」になろうとは考えなかった。

そこで活用されたのが天皇家の権威だ。しかし天皇家が日本を中心的に支配していたとされるのは、神話の時代と古代に限られる。果たしてスポットライトが当てられたの

292 及川智早『日本神話はいかに描かれてきたか』新潮選書、2017年。

が『古事記』や『日本書紀』という記紀だったのだ。

明治以降、教科書はもちろん、新聞や雑誌やアート作品にも繰り返し日本神話が取り上げられることになった。天皇家の権威付けのためである。

たとえば神前結婚式は、大正天皇の婚礼から流行した「新しい」結婚式スタイルである。もともと日本の婚礼式は、盃（さかずき）を交わす三三九度など、家同士の契約儀式に過ぎなかった。そこに神様は全く関係ない。それがイザナギとイザナミの国生み神話を引用する形で、神前結婚式が誕生したのである[293]。

7世紀に起こった「大化の改新」が再注目されたのもこの時期だ[294]。当時、実際に何らかのクーデターが起こったことは間違いないのだろうが、それを明治維新と並ぶ重要な政治的変革と見なす考え方自体は新しい。

旧来の悪習を廃して、天皇を中心とする国家を建設したという「大化の改新」の物語

293　大正天皇は皇祖神とされるアマテラスの前（実際には三種の神器の一つである八咫鏡を斎京とする宮中賢所大前）で婚礼式を挙行した。しかし一般の神前結婚式では庶民にもなじみがあるイザナギとイザナミの掛け軸が飾られることが多かった。
294　黒田智『藤原鎌足、時空をかける』吉川弘文館、2011年。

は、幕末の志士や、明治政府にとって都合が良かったのだ。

「日本の伝統」とされるものは、明治時代の再発見や発明が少なくない。実は初代天皇「神武」も明治時代に再発見された存在だ。

神武天皇は、幕末の頃まではあまり注目されていなかったらしい。天皇家の祖先祭祀でも、天智天皇とその子孫である光仁天皇、桓武天皇が直接の先祖と見なされていた。古墳もない神武天皇は忘れられた存在になっていたのだ。

明治政府は神武天皇を重要視する方針のもと、1872年（明治5年）に神武天皇の即位から始まる元号を制定した。戦前は「皇紀2600年」といったように西暦の代わりに多用された。即位の日とされる「紀元節」は祝日となり、こじつけのような計算で2月11日と決まる。[295]

さらに1890年（明治23年）に神武天皇を祭神とする橿原神宮が創建された。奈良

295『日本書紀』によれば神武天皇の即位日は「辛酉年春正月、庚辰朔」、つまり旧暦における1月1日とあるのみである。ちなみに「紀元節」は、GHQの方針で戦後一度は廃止されているが、1966年から「建国記念の日」として復活している。「建国記念日」としなかったのは、「の」を挿入することで「いつだったかは不明だが建国という出来事を記念する日」とも解釈できるようにするため。日本流妥協の産物だ。

県畝傍山の東南麓に位置する巨大な神社だ。伝承をたよりに場所は決められたが、宮域に造成された7万6000本の樹木のうち、2万2000本は全国からの献木である。天皇家の歴史が神武天皇から始まるほど古いことをアピールするために創建された「新しい神社」というわけだ。もちろん今にいたるまで何の宮城跡も発見されていない。

列島の鉄道網の発達により、天孫降臨の地とされる高千穂、アマテラスを祭る伊勢神宮と共に、橿原神宮は「聖地」として人気観光地となった。特に「皇紀2600年」にあたる1940年の参拝者は、正月三が日だけで125万人、2月11日の紀元節には70万人が参拝したという。[296]

日本では一神教が根付くことはなかった。世界で一神教の広まった時代を観察すると、地上で絶対的な権力者の独裁政権が台頭する時期に、一神教的な価値観も広がっている。[297]つまり「強い神」には「強い国」がセットなのである。

296　橿原神宮公式ウェブサイトによる数字。

297　レザー・アスラン『人類はなぜ〈神〉を生み出したのか?』文藝春秋、2020年。「地上の政界」と「天界の政界」は連動している。たとえば自由市民が集まり、民主的な政治をしていた初期メソポタミアでは、天界の神々もまた民主的な集会を開くと考えられていた。

この国で一神教が普及しなかったのは、歴史を通じて唯一の強大な政権が誕生しなかったことと無関係ではないのだろう。その意味で日本が最も一神教に近付いたのは太平洋戦争中なのかも知れない。

失われた物語

散逸（さんいつ）物語という言葉がある。文字通り、かつて存在していたにもかかわらず、失われてしまった物語のことだ。

人類の歴史の中で、散逸物語は数知れないだろう。特に文字がなかった時代には、誰かが素晴らしいストーリーを思いついても、それを残す方法が口伝しかない。そのいくつかは神話という形で部分的に現存するのだろうが、その原型を知るすべはない。

また文字が誕生してからも、戦火などによって散逸した物語は多い。約1000年前に成立した『源氏物語』内には、『唐守（からもり）』や『藐姑射の刀自（はこやのとじ）』『交野（かたの）の少将』といった現存しない物語がいくつも登場する。

これらの物語は複数の文献で言及され、存在自体は確実視されているものの、今では全容を知ることができない。[298] コピー機やカメラがなかった時代、複製は手作業で行われるしかなかった。誰かの「その物語を残しておきたい」という強烈な情熱なしには、物語は生き残れなかったのである。

国家の正史であったはずの『日本書紀』でさえ、現存するのは写本である。一番古い写本は9世紀のものであるが、残されているのはごく一部の巻のみだ。9世紀から14世紀の写本を合わせて、何とか全貌が把握できているに過ぎない。[299]「正史」でさえこの有様なのだから、『源氏物語』などの物語が現存するということは、時代を超えた熱烈なファンがいたことの証拠だ。

物語は、生命体としてのホモ・サピエンスを生かすためには必要がない。それにもかかわらず、今よりもはるかに貧しい、その日を生きていくのがやっとという時代から物語が存在した。なぜ人々は物語を必要としてきたのだろう。

一つの理由は、そこに「救い」があるからだと思う。ファンタジーと言い換えてもい

298　『唐守』は難題求婚譚、『藐姑射の刀自』は異郷との交渉物語で、共に現存する『竹取物語』との共通性が指摘されている。詳しくは神野藤昭夫『散逸した物語世界と物語史』若草書房、１９９８年。

299　８４０年成立の『日本後紀』に至っては、全40巻のうち現存するのは10巻のみである。

いだろう。辛いことばかりの現実から、ほんのひとときでも離れ、夢を見させてくれるような物語に、太古から人々は魅了されてきた。

たとえば、『古事記』に出てくるオオクニヌシとスセリ姫の物語は、女性の力で男がとんとん拍子に成功していくという、まるで島耕作シリーズのような筋書きだ。スサノオの出す無理難題に対して、スセリ姫が裏で解決策を提示、のんきなオオクニヌシが信頼を勝ち得ていくのだ。[300]

現代でも物語の裏側には、その時代における人々の欲望が隠されている。

１９９７年、その後歴史的なヒットを記録する二つの作品が生まれた。『ハリー・ポッター』と『ＯＮＥ　ＰＩＥＣＥ』である。二つの作品に共通するのは、主人公が物語の序盤から超人的才能を持っている点だ。

後天的な努力による成功譚ではなく、先天的な能力による冒険物語。『ハリー・ポッター』と『ＯＮＥ　ＰＩＥＣＥ』が同時代に生まれたのは決して偶然ではないと思う。

経済成長が行き詰まりを見せ、「生まれ」が重要になる時代において、せめてフィクシ

300『古事記』には様々な翻訳が存在するが、全訳でないものの橋本治版が最も読みやすいと思う。

ヨンの世界に夢を託したい人が多く存在したのだろう。[301]
『日本書紀』から『ONE　PIECE』まで、物語には憧れが詰まっている。

301　2016年から2020年まで『週刊少年ジャンプ』で連載された『鬼滅の刃』は、修行シーンが丹念に描かれた、主人公が努力する漫画だ。再び努力の報われる話が大ヒットしているのは、「生まれ」ではなく努力に希望を持つ人の増加を示しているのかも知れない。

10　土地と所有の日本史

どうして土地を自由に使えない？

『ドラえもん』に『のび太の日本誕生』という大長編がある。[302] のび太たちが家出を試みるのだが、居場所に苦慮するところから物語は始まる。空き地に秘密道具で家を建てると地主から追い出され、やっと見つけた山奥の村はダムとして水の中に沈んでしまう。

彼らは「日本のすみずみまで持ち主がいるなんて」と嘆き、土地問題に頭を悩ませる。そして気付く。「人間の住んでなかった時代」まで戻れば「日本丸ごとぼくらのもの」になるということに。いつものようにタイムマシンを使ってドラえもんたちが向かったのは、７万年前の日本列島だった。

302　藤子・Ｆ・不二雄『大長編ドラえもん　のび太の日本誕生』小学館、１９８９年。

彼らの「発見」はもっともだ。地球が誕生し、陸地が生まれた時から「土地」は存在している。その時点で「土地」は誰のものでもなかった。それにもかかわらず、現代において地球上の多くの「土地」は誰かのものだ。[303]

7万年前の列島で、のび太は地面に線を引きながら「ここからここまでぼくの土地だぞ」と土地の私的所有権を主張する。同様にスネ夫は「こっち千坪ほどぼくんだからね」、ジャイアンも「おれはこっちへ1万坪だぞ」と叫び合う。

もしも実際に現代人が7万年前にタイムスリップし、のび太のようなことをすれば現代で大地主になることができるだろうか。答えは「非常に難しい」。

なぜなら、土地の所有権を主張し続けるためには、途方もないコストがかかるからだ。

そもそも、列島に住む人々にとって、長い間、土地なんて所有する必要がなかった。移動しながら暮らす狩猟採集民は、狩りや漁をしながら、生活場所をどんどん変えていけばいいからだ。

303　後に触れるように、この認識はやや不正確である。

現代の狩猟採集民をヒントに考えるならば、[304] 彼らは食べ物を探しに出かけることに、一日のほとんどの時間を費やしていただろう。食料を手に入れる以上に重要なことはない。森の中や原野で食材を探したら、それを調理して、あとはぶらぶらして暮らす。彼らに、自分で土地を所有するという感覚は皆無だった。

仮にのび太が7万年前の列島に朽ちない看板を設置して、土地の所有権を主張し続けた場合、少なくとも6万年以上の間、その土地が第三者に奪われる可能性は極めて低い。そもそも狩猟採集民は看板なんて読めないだろうから、勝手に土地には入ってくるかも知れないが、一定期間を過ぎたら別の場所へ移動していくだろう。

「のび太の土地」に危機到来

土地を所有するという考え方が生まれたのは、人類が定住生活を始めてからのことだ。列島で稲作が始まると、環濠集落なども発生し、コミュニティを守るという発想が生まれる。「集落全体が自分たちのテリトリーだ」という意識を持つようになったのだ。

304 奥野克巳『ありがとうもごめんなさいもいらない森の民と暮らして人類学者が考えたこと』亜紀書房、2018年。

それが一歩進むと、集落に住む各人が宅地の周囲に境界線を作るようになる[305]。群馬県で見つかった6世紀の遺跡では、宅地と庭畑地が垣根で囲われていた[306]。このような居住スタイルが、土地の私的所有の始まりだと考えられている。

しかし当時の列島人口はせいぜい数百万人。列島中に私有地が誕生したわけではない。環境が良好な一部の土地に人が住んでいただけだ。また稲作を中心とした共同体の場合、水田や用水路を共有したほうが合理的なため、私的所有という考え方はそこまで発達しなかっただろう。

だがこの時代、早くも「のび太の土地」にピンチが訪れる[307]。そこが開墾しやすかったり、居住しやすかったりした場合、もはや看板くらいでは土地を守れなくなるからだ。

現代人は土地を買った場合、登記（とうき）などによって土地の所有権を主張できる。つまり土

305　土地に関する基本情報として、国土庁土地局土地情報課監修『日本の土地』（ぎょうせい、1996年）と渡辺尚志・五味文彦編『土地所有史』（山川出版社、2002年）を適宜参照している。

306　群馬県渋川市にある黒井峯遺跡は、1500年前の噴火によって滅んでしまった村。「日本のポンペイ」と呼ばれることもある。

307　原作では、土地の所有権を主張したのび太は、ドラえもんに「土地はこんなタップリある」とたしなめられ、私有化をあきらめている。

地が法律によって保護されているわけだ。違法に誰かが立ち入ったり、建設を始めようものなら、１１０番をして警察を呼んだり、裁判に訴えればいい。

しかし古代日本では、列島中で通用するような法律なんてなかった。つまり土地は自分で守るか、誰かに守ってもらわないとならない。しかも書類が意味を持つ時代でもない。物理的に防御をするか、近隣に顔が利きそうな後ろ盾を探すしかなかった。

この頃には列島各地に強大な権力者が出現しているが、人々が彼らに付き従った目的の一つは安全保障だ。

当時の日本は、言うなれば警察が存在せずに、各地の暴力団が縄張り争いの抗争を繰り広げているような時代である。よほど辺鄙な場所に暮らしていない限りは、自分がミニ暴力団になるか、どこかの暴力団に身を守ってもらうしかなかった。

現代でもソマリランドなど国家がきちんと成立していない地域がある。多くの住民は「法律がないんだから自由に暮らそう」などとは思わずに、誰かしらボスを見つける。それは自分の身と所有物を守るためだ。

「のび太の土地」も、高い壁を建てて敵の侵入を防いだり、ミニドラを兵士として配置したりするか、有力なボスに心付けを渡して、土地を守ってもらう必要がある。しかしのび太も、古代の列島で暮らし続けたいわけではないだろう。作物を育てたり、誰かに耕作地として貸したり、土地から利益を生み出そうとしないと、ただコストばかりがかかることになる。

「すべての土地は天皇のもの」？

列島中で暴力団抗争が続いていた古代の戦国時代を経て、次第に列島は天皇家によって統一されていく。7世紀には、国家が戸籍を作成して、「国民」に耕作地を貸与するという制度が始まる。[308]

要は、「全ての土地は国家（天皇）のもの」という原則を打ち出したのだ。「のび太の土地」も、建前としては天皇のものになってしまったことになる。

しかし実際には、列島中の人々が「土地は天皇のもの」と受け入れたわけではない。

事実、723年には「三世一身法」、743年には「墾田永年私財法」が発布され、国

308 班田収授制といって、戸籍によって国家に掌握された公民に対して、国家が定期的に班田を給田し、死後は返還させる仕組みのこと。ただし豪族や有力寺院は土地の私的所有を続けていたと考えられている。

家も土地の私的所有を認める方向に舵を切った[309]。

これで現代のように、列島中の人々が持ち家を構えられたかというと、決してそうではない。貴族、大寺院や神社、地方の有力者たちが、地元の人を雇い大規模な開墾をしたためだ。農民の私的所有が進むのは9世紀から10世紀にかけてのことである。この頃、「豪民」や「百姓」と呼ばれる新興の有力農民が台頭した。

しかしせっかく開墾した土地でも、常に収奪の危険があった。「全ての土地は国家のもの」という建前が生きていた時代には、国家によって土地を奪われることさえあった。そこで自分の土地を貴族など偉い人に寄進したことにして、使用権を確保した。当時の貴族などは外部権力の行使を拒む権利があったのである。

中世とは、中央の権力が当てにならない時代だ。人々は、上皇や武士、寺社に頼ったりと、それぞれの時代の有力者に土地の安全保障を依頼した。中には、書類上において土地の所有者を神仏にすることさえあった。

309 土地の私有は認めても、税は納めなくてはならない。つまり「土地が国家のもの」という建前を止める代わりに、政府が掌握できる土地を増やしたわけである（中公新書編集部編『日本史の論点』中公新書、2018年）。

「のび太の土地」を守るコストは、古代よりも中世のほうが若干安くなったかも知れない。土地証文など、土地の所有権を文書で主張する慣習が生まれたからだ。

もちろん自力救済が基本の世界なので、現代の登記とは訳が違う。偽文書も横行していた。権利関係も複雑で、一つの土地に対して複数の権利者がいたケースも珍しくない。結局、どうしても土地を守りたければドラえもんの道具に頼る必要があるだろう。

不自由、だからこそ平等

戦国時代を経て、全国統一を果たした豊臣秀吉は、列島中の農耕地調査を実施した。[310] 実際に竿で農耕地を測量し、どれくらい税金（年貢）を徴収するのかを決定したのだ。年貢というと苦しむ農民の姿ばかりが浮かぶが、やや誤解がある。農民目線で考えると、土地を守りたい時に、誰を頼ればいいかが明確になったともいえるからだ。

またこの調査では、土地の権利関係も整理され、権力者が実質的な耕作者を把握できるようになった。結果、中間利益は廃され、小農民の自立に一役買ったのである。

310　太閤検地と呼ばれる。検地は戦国大名も実施していたが、全国的な規模の検地はこの時が初めてである。

もはや「のび太の土地」も、自力で守る必要はない。きちんと年貢さえ払っていれば、自分の土地として認めてもらえるようになったのだ。一元的な権力によって、私的所有権が保障される時代が訪れたわけである。

豊臣秀吉の政策は１６０３年にはじまる江戸幕府にも引き継がれた。

１６４３年に、注目すべき法令が出されている。幕府は、農民たちが田畑を売買することを禁止したのだ。[311]

現代の感覚からすれば、国に土地の私的売買を禁止されるなんて余計なお世話だ。[312]しかし合理的な理由があった。貧しくなった農民が自分の土地を売ってしまうと、より困窮してしまうのだ。これは財力のある農民への土地の一極集中を防ぐ意味もあった。

江戸時代の百姓は、個人ではなく、「家」として土地を持っていた。多くの人に通勤という概念がなかった時代、「家」というのは、生産のための共同体である。「家」のトップである「家長（かちょう）」は、先祖から受け継いだ土地を、子孫たちに守り伝えていくべきこ

311　田畑永代売買の禁令のこと。寛永の飢饉によって農村が困窮化したため、幕府は政策を路線変更し、小農保護に注力した。
312　現代日本でも農地法により、農地の売却は農業委員会の許可が必要といった特殊な制限が設けられている。

とが期待された。

しかも長男の単独相続が基本であったから、土地や経営資本が分散せずに、次の「家長」へと受け継がれていく[313]。結果、土地に対する長期的な改良投資などを行いやすくなった。日本の農業はこの「家」という仕組みによって栄えていく。

ただし何事にも抜け道はある。法令で禁止されていたのは永年に渡る売買だ。つまり期間限定ならOKだという。そこで人々は「質（しち）入れ」という方法を使った。

基本は現代の質屋さんと一緒。土地を担保にお金を借り、一定期間のうちに返せない場合は、土地は相手のものになってしまう。もっとも、質流れから何年経っても、元金を返せば土地が戻ってくるという不思議な慣行があった。それだけ土地と人間が結びついていたということなのだろう。

だが江戸時代後期には、禁止されているはずの永年の「売買」が横行するようになる。質入れからの質流れが流行し、禁令は有名無実化してしまった。

明治時代になると、列島にも西洋の考え方が輸入される。明治政府は、自由で私的な

313　木村茂光編『日本農業史』吉川弘文館、2010年。

土地所有権を認めた。結果、何が起きたかというと、一部の裕福な層が大土地所有者となる一方で、自分の土地を持たない小作農（地主から土地を借りて農業を営む人）が増えてしまった。

簡単な話で、お金がない人はすぐに自分の土地を売る。しかし生きていくためには農業をしないとならない。そこで地主から土地を借りるというわけだ。

自由は、格差を生む。どうしても成功者と敗者の差は広がってしまう。しかし私的所有権という概念の発達は、経済成長のキモでもある[314]。自分の出した成果のほとんど[315]を自分で独占できるという安心感が、人々を努力に向かわせるからだ。

逆に言えば、江戸時代は土地売買が禁止されていた不自由さの代わりに、一定の平等性が担保（たんぽ）されていた時代だった。

314 ウィリアム・バーンスタイン『「豊かさ」の誕生』日経ビジネス人文庫、2015年。バーンスタインは繁栄の要素を、私有財産権、科学的合理主義、効果的な資本市場、効率的な輸送・通信手段に求める。
315 「ほとんど」というのは、私的所有権を保障してもらう国家に対して、税金を納める必要があるから。

先祖代々の土地って本当?

「のび太の土地」を売るなら、明治時代に入ったこのタイミングがいいかも知れない。何せ国のお墨付きをもらって、ようやく自由に土地を売買できるようになったのだから。特に「のび太の土地」が、都心部にあった場合はラッキーだ。

近代とは、都市が発達していく時代である。東京には国会や省庁はもちろん、丸ビルや東京海上ビルなどの大規模オフィスビルが立ち並ぶことになった[316]。

高層建築が増えた理由の一つは、エレベーターの普及にある[317]。

いくら技術的に高層建築が可能になっても、エレベーターのない時代は、高い場所に住むのには大変な苦労が伴った。実際、江戸時代までに建てられたお城で、お殿様は天守閣（しゅかく）に住んでいたわけではない。あれは戦時における物見櫓（ものみやぐら）として発展したもので、平時には実用性のない権力の誇示でしかなかった。それがエレベーターの発達によって、

316 岡本哲志『江戸→TOKYOなりたちの教科書』淡交社、2017年。
317 アンドレアス・ベルナルト『金持ちは、なぜ高いところに住むのか』柏書房、2016年。

「高い場所」に住むことが富や権力の象徴となったのだ。[318]

都市に人口が集中するにつれて、郊外生活も注目を集めた。電鉄会社が郊外を開発し、都市の中心部と列車でつないだのだ。当時の電鉄会社のほとんどは、電灯や電力の供給事業も兼務していた。つまり鉄道敷設とセットで電気が普及し、郊外でも近代的生活を送れるようになったというわけである。

しかし依然として、多くの人は第一次産業に従事していた。

もしも「のび太の土地」が農地にあった場合、権利を維持してもそれなりの収益が上げられそうだ。この時代、西洋農業のノウハウも取り入れながら、農業生産力が高められていた。品種改良、肥料の増投、土地改良など、資本を投下することでより多くの農作物を収穫できるようになったのだ。[319]

1929年には、何と48%の耕地が小作地だった。農家単位では、3分の2が小作農

318 1649年には3階建てが禁止され、庶民が高層建築を建てることは難しかった。しかし幕末期になると、高さ制限を守らない建物も増えたという（大澤昭彦「建物高さの歴史的変遷」『土地総合研究』2008年春号）。

319 猪瀬直樹・磯田道史『明治維新で変わらなかった日本の核心』PHP新書、2017年。

か、自小作農（主に自前の耕地で自作をしながら小作もする人）である。それだけ地主から土地を借りて農業をする人が多かった。

この状態が抜本的に改められるのは敗戦後の農地改革によってである。国家が地主の土地を強制的に買い上げ、それを小作農に安価で売り渡したのだ。もともと激安の価格設定の上、インフレーションも相まって、土地は無料同然のことも多かった。結果、農地に占める小作地の割合は、10％にまで下がる。[320]

いくらアメリカの占領下であるとはいえ、国家が私的所有権の放棄を迫ったという点で、なかなか大胆な政策である。「のび太の土地」が広大な農地だった場合はやばい。かなりの確率で土地を手放すことになってしまっただろう。秘密道具で防衛するという選択肢もあるが、その場合は、アメリカとの全面戦争までを覚悟しないとならない。

ところで「先祖代々の土地」という言い方がある。しかし「先祖代々」と言いながら、実はこの農地改革で手にしただけの土地という場合が少なくない。

今に残る大地主も、多くは明治時代から田畑を集めた新興勢力だろう。「先祖代々の

320　１９４７年から１９５０年にかけて、１９２万haの農地買収が行われ、１８８万haの農地が、４７０万戸の農家に売却された。

土地」はたいてい70年、古くても150年程度の歴史しか持たない場合が多いのだ。[321]
それだけ列島の土地は所有者が変わり続けてきたのである。

九州の面積以上の土地が持ち主不明

戦後の経済成長は土地の値段を押し上げた。

特に、1960年代前半、1970年代前半、1980年代後半には、企業の用地取得や投機的な土地取得によって地価が高騰（こうとう）している。

中でも三度目の地価高騰はバブルと呼ばれ、日本全体の地価を合わせれば、アメリカが二つ買える金額だと喧伝（けんでん）された。[322]「のび太の土地」が都心にあり、奇跡的に所有権が維持できていたなら、このバブル期に売り抜けるのがいい。巨万の富を築けるだろう。

さて、ここまで「のび太の土地」という架空の事例を用いて、土地の歴史を書いてきた。過去の列島へ行き所有権を主張したところで、それを7万年も守り通すのには途方

321 それゆえ老後になってから土地を手放すことに罪悪感を抱く必要はないと、上野千鶴子『おひとりさまの老後』（文春文庫、2011年）は説く。
322 猪瀬直樹『土地の神話』小学館文庫、2013年。

もない労力が必要なことがわかった。

そもそも、のび太の目的は、家出先の確保だった。彼らは「日本のすみずみまで持ち主がいる」という認識のもと、7万年前へと向かった。

だが、実はその認識は不正確である。

国土交通省の推計によれば、日本の私有地のうち、何と約2割の持ち主がわからないのだという。面積にして、九州を上回る規模である[323]。にわかには信じられないが、多くの土地で登記が古いままになっていて、持ち主を探せないというのだ。

権利者が死亡した時の相続登記は義務ではない。登記にはお金も手間暇もかかる。資産価値が高い都心部は別として、地方では「面倒だから、相続登記をしない」というケースも多い。

ある街では、県道建設の用地買収をしようと思ったら、三代にわたって相続登記がされていない土地が見つかったという。担当者が地道に調べたところ、相続人は150人にも及ぶことがわかった。土地買収をするためには、全員からの同意を得る必要がある

323　吉原祥子『人口減少時代の土地問題』中公新書、2017年。

が、その手間は想像を絶する。[324]

だからのび太は、ただ単に所有者不明の土地や、登記がされていない辺鄙な場所に家出すれば良かったのだ。厳密には所有権の確定が難しい場合もあるだろうが、勝手に住んだところで文句を言われない土地も多いはずである。

実際、うっかり相続してしまった山奥の土地を、どこにも寄付できずに困っているという話はよく聞く。資産価値のない土地は、ただの負債(ふさい)である。のび太に土地を寄付したいという人は、日本中を探せばごまんといるはずなのだ。[325]

また海外に目を向ければ、南極のように条約によって領土権が棚上げされたどの国でもない場所や、ノルウェー領のスヴァールバル諸島のように条約を批准している国であればビザなしで居住できる場所もある。のび太もどこでもドアでスヴァールバルへ行け

324 もっとも、登記に頼らなくても、「土地の戸籍」ともいうべき地籍調査という制度がある。土地の区画ごとに所有者や面積などを調べ、確定していく事業だ。明治時代に類似の地籍編纂調査が開始されたものの、途中で頓挫。1951年、国土調査法の施行にともない仕切り直しがされたものの、調査が完了したのは国土の半分。完了までの歳月はあと60年とも120年とも言われる。

325 もちろんその場合、のび太側に固定資産税などの支払い義務が生じる。彼らのお小遣いでそれを賄えるかはわからない。

ば良かったのに。

人が去り、街は崩れる

私有地の2割で所有者が不明というのは、あくまでも書類上の話である。しかし、これからの日本では実際に土地を捨てる人が増えていくかも知れない。

2014年に発表されて、地方を震撼させた研究がある。2040年までに、全国の896自治体が消滅する可能性があると指摘した「増田レポート」だ。東京都知事選に立候補し、小池百合子に敗れたことで有名な増田寛也を座長としたチームが発表した研究である。[326]

「増田レポート」によると、若年女性の流出率が高い自治体では、少子化による人口減少に歯止めがかからず、ついには「地方消滅」といった事態に陥るという。彼らの推計

326 詳しい内容は、増田寛也『地方消滅』(中公新書、2014年)にまとめられている。

では、北海道・東北地方の約80％、山陰地方の約75％が「消滅可能性都市」である。[327]

一方で東京など大都市圏への人口移動は止まらない。実際の統計を見ても、東京の人口は増え続けている。2001年に1200万人、2010年に1300万人だった人口は、2020年には1395万人を超えた。しかし東京都でさえ、2026年以降は人口減少が始まると予想されている。[328]

それにもかかわらず、都心部ではマンション、地方では戸建て住宅建築ラッシュが続いている。[329] 海外と違い、中古住宅の流通市場が未発達な日本では、新築住宅のほうが「売れる」からだ。

結果、どうなるか。日本中に大量の空き家が発生するのだ。

327 その後「増田レポート」には多くの批判が寄せられている。「消滅」という言葉がミスリードを招くが、その都市が物理的に列島から消え去ってしまうわけではない。1980年代には「限界集落」論が流行したが（一つの定義は65歳以上が集落の半分以上を占めること）、高齢化が原因で本当に消えてしまった集落は存在しないという。詳しくは山下祐介『限界集落の真実』（ちくま新書、2012年）、『地方消滅の罠』（ちくま新書、2014年）を参照。

328 東京都「東京都区市町村別人口の予測」。

329 野澤千絵『老いる家　崩れる街』講談社現代新書、2016年。

　2033年には何と3戸に1戸が空き家になると予測されている。戸数にして何と2100万戸。すでにバブル期のマンションが「スラム化」している事例もあるという。将来的には「限界マンション」が大量発生すると見られている。のび太は、過去ではなく近未来へ行っていれば自由に使える空き家をたくさん発見できていただろう。[330]

　都市計画が緩い日本では、活断層の上や河川沿いなど、災害が起こりやすい地域であっても、行政が住宅の新築を禁止するのが難しい。メディアでは、連日のように気象災害が伝えられているが、天災で倒壊や浸水する家は、これからも増え続けるのだろう。

　人口減少社会では、必然的に捨てられる家や土地が増えていく。都心の一部をのぞけば、土地はもはや守るものではなく、何としてでも処分したいものになるかも知れない。ところで『ドラえもん』で描かれる22世紀には、超高層建築が立ち並び、社会は繁栄しているように見える。これからの100年で、日本は何かの明るい転機を迎えることができるのだろうか。

330『のび太の空き家発見記』といった夢のない物語になりそう。

11　家族と男女の日本史

この本はもともと『新潮45』という雑誌で連載をしていた。しかし雑誌は、ある自民党議員が同誌に寄せたエッセイがきっかけで休刊に追い込まれてしまう。その議員は、ＬＧＢＴカップルは子どもを作らないため「生産性」がなく、税金を使って行政が支援をすることに疑問を呈していた[331]。

この発言が他メディアを巻き込んだ騒動になったわけだが、その議員はかねてから日本の「家族崩壊」を憂えていた。

「昔の日本は夫が外で働き、お金を稼いで妻にわたたし、家計のやりくりをしてい」た。このように「男性は男性の役割があり、女性は女性の役割」がある。その分担が崩れる

331　杉田水脈「『ＬＧＢＴ』支援の度が過ぎる」『新潮45』２０１８年８月号。

と「家族崩壊」、ひいては「日本崩壊」につながるのだという。[332]

にわか保守主義者に典型的な発言だが、その議員のいう「昔の日本」とは、大した昔ではない。この章では、やたら保守主義者が「崩壊」していると叫びたがる「家族」と「男女」の日本史を紐解(ひもと)いていこう。

家族はいつ始まったのか

「家族」を定義するのは難しい。集団生活は人類史と同じくらい古いが、「働く男、家を守る女、子ども」といった「家族」は普遍的でも何でもないからである。

そもそも、人間以外の霊長類は、「家族」を持たない。オスとメスがセックスをして子どもを残すことと、彼らが一緒に住み続けることは同義ではないからだ。

ゴリラやチンパンジーの社会では、メスが母親のもとを離れ、パートナーを見つけ出産をするという。おそらく初期人類も同様の行動を取っていたと考えられるが、サバンナに進出することでその行動は変化を迫られた。

332 杉田水脈『なぜ私は左翼と戦うのか』青林堂、2017年。著者は、「親と子の情愛を基本とした家族の構築」が重要であり、「かつての日本はそうした家族が基礎となって、国家を構築」してきたとも主張する。

外敵の多いサバンナで、人類は多産になったらしい。しかし人類は乳児期が長く、成長するまでに数年を要する。手のかかる子どもを助けるために男が育児に参加し、共同保育が促進された。それが「家族」の起源ではないかという説がある。[333]

しかし本当のところは、謎ばかりだ。大きく分けると、「家族」の始まりには二つの説がある。男女は共に複数の男女と性的関係を持ち、集団の大人が協力して育児にあたっていたという「古代コミューン」説と、嫉妬深い夫婦と子どもによって成立する核家族が古くから存在したという「永遠の一夫一妻制」説である。[334]

おそらくは、どちらの集団も存在したのだろう。時代や地域によって、様々なグループがあったはずで、人類社会に共通した「家族」の起源を探求する必要はないと思う。

日本列島に限っても、やはり古代の家族のことはあまりわかっていない。ただし「家族」らしき人々が一緒に埋葬されている事例は見つかっている。宮城県の貝塚から見つかった8体の人骨は、頭蓋骨(ずがいこつ)に類似した特徴を持っていて、遺伝的に強い関係を持って

333 山極寿一『家族進化論』東京大学出版会、2012年。
334 ユヴァル・ノア・ハラリ『サピエンス全史』河出書房新社、2016年。

いる可能性が高いという。[335] 列島中から同様の事例が発見されているので、縄文時代には「家族」を単位とした墓が珍しくなかったのかも知れない。

しかし「家族」といっても、あまり現代のイメージに引きずられてはいけない。たとえば、同じ場所から男女の骨が発見された場合、現代人はそれを「夫婦」だと考えてしまいがちだ。しかし、それは「きょうだい」かも知れないし、「主人と奴隷」の場合だってあるだろう。[336]

「夫婦」が葬られた古墳はほとんどない

一気に時代が新しくなってしまうが、3世紀から7世紀に列島中に作られた古墳からも昔の「家族」の姿を窺い知ることができる。[337]

335 宮城県東松島市の里浜貝塚の事例。詳しくは、山田康弘『縄文人の死生観』角川ソフィア文庫、2018年。

336 現実的には骨からミトコンドリアDNAを採取して、遺伝子的なつながりを検討する方法がある。しかしミトコンドリアDNAは母系遺伝しかしないなどの問題があり、縄文時代の骨でそのような研究は実施されていないようだ。ただし、大人と子どもの合葬例を「親子」と見なす研究者は多い。

337 清家章『埋葬からみた古墳時代』吉川弘文館、2018年。

古墳とは、権力者の墓である。そして多くの場合、複数人が葬(ほう)むられる[338]。しかし古墳で最も重要なのは初葬者だ。その人のために古墳は作られるからだ。

古墳研究によると、その初葬者は男性もいれば女性もいた。特に3世紀から5世紀くらいまでは、男性と女性の割合が等しかったという。つまり、この国には男性リーダーと同数の女性リーダーがいたことになる。21世紀の日本で女性政治家や管理職の少なさが問題になっていることを考えれば嘘のような話だ。

5世紀頃から、次第に初葬者が男性の古墳が増えていく。ちょうど大和政権が列島統一を進めていった時代だ。朝鮮半島との軍事的緊張も、男性優位の社会を作る要因になっていったのだろう。少なくとも権力者層では男女どちらの血縁も重視する「双系制(そうけいせい)」の国から、父方の血縁のみを重視する「父系制(ふけいせい)」の国に変化していったらしい。

古墳研究ではもう一つ、面白いことがわかっている。時代を通じて、「きょうだい」が重視されていたらしいのだ。実は、夫婦が中心となって埋葬されている古墳はほとんどない。

338 中には長野県の森将軍塚古墳のように、81人もが埋葬されていた事例もある。しかし多くの場合、埋葬者は二人から数人である。

「サザエさん」の家でたとえれば、サザエとカツオが埋葬された墓にマスオさんがいないということだ[339]。マスオさんはどこに葬られたのだろうか。帰葬（きそう）説が有力である。つまり、婿や嫁は、自分の出身地の陵墓に戻って埋葬されたというのだ。

古墳時代が終わっても、「きょうだい」が重視される時代は続いた[340]。平安時代の貴族たちも、出自が異なる夫婦は、それぞれが自分の父系の墓に葬られることが多かったという。古代において重要だったのは、結婚という契約よりも、血縁を根拠とした「一族」だったのである。

それもそのはずで、古代における結婚は、非常に適当だった。いわゆる「妻問婚（つまどいこん）」が有名だ。男女が相手に求婚を呼びかけ、相手が合意すれば二人はすぐに性的関係を結ぶ。これで結婚の成立である[341]。結婚後もしばらくは男女が別々に住むことが一般的だったし、離婚も簡単だった[342]。ただし男女の同居を示す史料も多く、結果的に同居へ移行した

339　正確にいえば、サザエはマスオのフグ田姓を名乗っており、マスオさんは戸籍上の婿養子ではない。
340　総合女性史研究会編『日本女性史論集4　婚姻と女性』吉川弘文館、1998年。
341　相手のことを「ツマ」、呼びかけのことを「トヒ」もしくは「ヨバヒ」といった。
342　久留島典子ほか編『ジェンダーから見た日本史』大月書店、2015年。ジェンダーの問題に関して、適時この本を参照している。

カップルも少なくなかったのだろう。

また古代の戸籍では夫婦別姓が基本だった。父方の氏姓が子どもに継承されるが、妻は自らの出身集団の氏姓を維持し続けた。[343] 夫婦が作る「家族」よりも、血縁集団という「生まれ」のほうが重視される時代だったのだ。

本当に「妻問婚」が一般的だったのかには疑問があるが、今よりも結婚制度が緩やかだったのは事実だろう。その分、法律的に女性も一人前の存在として扱われた。[344]

女性にも所有権や相続権が確保されており、荘園を管理するために女性が現地へ出向いた証拠も残されている。ちなみに中世の荘園開発でも「女院（にょいん）」と呼ばれる女性皇族の果たした役割は大きい（3章）。

同時代の中国よりも女性の権利は強かった。女性にも国家から田んぼが支給される代わりに、きちんと納税の義務を負ったり、宮廷内の雑用に駆り出されたりしていた。

また当時の系譜を見ても、同父同母の子どもが一グループとされ、男女の区別なく生

343 今津勝紀『戸籍が語る古代の家族』吉川弘文館、2019年。
344 梅村恵子『家族の古代史』吉川弘文館、2007年。

まれた順番で実名が記されている。[345]「正妻（せいさい）」や「妻妾（さいしょう）」といった区別はなかったのだ。

一般の庶民に関しては、資料がとぼしいため、実態はほとんどわかっていない。貴族でさえ「妻問婚」だったならば、庶民の結婚はよりフレキシブルだったのだろう。

日本にも存在した一夫多妻制の真実

数百年をかけて、列島は「双系制」から「父系制」に変化し、同時に女性の権利が徐々に制限されるようになっていった。

平安時代の貴族は一夫多妻制だったことが知られる。10世紀初頭までは複数の妻の間にさしたる上下関係はなかったが、次第に「本妻」が特別扱いされるようになっていく。

この一夫多妻制には全ての女性が納得していたわけではなかった。10世紀にある貴族の妻が書いた日記は、プレイボーイの夫が次々に妻妾を作ることに嫉妬や憎悪を隠さな

345 これが8世紀の系譜になると、同じ父親から生まれた子どもが一つのグループとなり、男子が優先して記されるようになる。

い。[346]特に、夫と妻妾の間にできた子どもが亡くなった時なんて大喜びしている。ただし、この日記を大っぴらにできていたと考えると、女性差別はそれほど深刻でもなかったとも言える。

ところで、一夫多妻制といいながら、平安貴族が同時期に複数の妻を持っていた事例は、決して多くないという。妻の死亡や離婚で複数の結婚を繰り返すことは多く、多い場合でも妻の数はせいぜい3人程度らしい。

当時は若くして命を落とす女性が多かった。原因は懐妊や出産である。医療技術が未発達の平安時代に、出産は命を賭けた一大事だった。ある分析によれば、貴族男性の死亡のピークが50代であったのに対して、女性の死亡ピークは20代だった。[347]それだけ出産で命を落とした女性が多かったということだ。平安時代の男性貴族が結婚を繰り返した

346 藤原道綱母によって10世紀後半に『蜻蛉日記』が書かれた。『源氏物語』などにも影響を与えたと言われる。ちなみに貴族層では11世紀後半までに一夫一婦制が成立したと考えられている。

347 『大鏡』には死没年が確認できる人が男性168人、女性62人いるが、その年代を検証した研究による（梅村恵子『家族の古代史』吉川弘文館、2007年）。

のは、このような事情もあったのである。[348]

「父系制」を決定的にしたのは、「家」の成立だ。「家」とは、今でいう家族経営の零細企業のようなもの。貴族たちの「家」は「医療」や「天文学」のように、天皇から命令された仕事を請け負う。その後に成立した一般庶民の「家」は、主に農業を生業（なりわい）とする。

この「家」は、男系で継承され、代表を務められるのは基本的には男性だけだった。中世以降、この「家」制度が列島のあらゆる階層に広がっていく。

男性の代表は「家長」と呼ばれる。たとえば農業が家業である場合は、家長は妻子や奉公人に一日の仕事を指示した上で、自らも農作業に関わる。家長は、社長のような存在でもあったのだ。彼はきちんと「家」を切り盛りして、次世代にもきちんと「家」が継承されていくことを目指した。

「田舎の農家」をイメージしてもらえばいい。職住一体で、家事と労働の違いも曖昧で、男も女も子どもも働く。おじさんやおばさん、奉公人など親族以外が同居することもあ

348　平安時代ほどではないが、出産はつい最近まで女性にとって非常に危険なライフイベントだった。１８９９年の妊産婦死亡率は10万人あたり４０９・８。この数値は２０１７年には３・４まで下がっている（厚生労働省「人口統計資料集」２０１９年）。

る。田植えや道路整備などにおいて、村単位での仕事も多い。中世から近世にかけては、これが列島中に広く見られた「家」の姿であり、「夫が外で働き、お金を稼いで妻にわたす」というような「家」はまず存在しなかった。

平和な江戸時代、女性の地位が下がった

中世までは女性が、「家」の土地を所有したり相続することもあったが、近世（江戸時代）に近づくにつれて、女性が「家」の主になることが難しくなっていった。

それでも同時代のヨーロッパよりはマシだったようだ。16世紀半ばに日本へ訪れたキリスト教の宣教師は、日本では処女でない女性も結婚ができること、妻から離婚する夫婦がいること、妻が夫の許可を得ずに好きな場所へ行ける権利を持っていることなどを驚きと共に記している[349]。

17世紀から始まった江戸時代は、女性の地位がはっきりと低下した時代だと知られている。特に武士などのエリート階級では、男性の家系のみが重視され、女性は「子ども

349 ルイス・フロイス『ヨーロッパ文化と日本文化』岩波文庫、1991年。

を産む機械」扱いだった。[350]

女性の地位が低下した理由の一つには儒教の影響があると言われている。江戸時代は、平和な時代である。その平和は、秩序によって担保されていた。身分差別や男女差別を正当化することで、秩序は保たれた。江戸幕府が差別の根拠として用いたのが儒教だったのだ。

江戸時代前期に発行された『女鏡秘伝書』という女性向け自己啓発書がある。その中で、若い男たちは色白でたおやか、「柳の風」の女性を好むという記述がある。同時に、骨太で指の大きな女性になることを諫める記述があり、当時はすでに、か弱い女性がある種の理想になっていたことがわかる。

全員が死に物狂いで働かないと生きていけない時代に、このような「理想の女性」像は成立しにくい。時代や地域ごとに「美人」は存在しただろうが、食べていくのが精一杯の階層の人々は、「理想の女性」を論じている余裕などなかったはずだ。

平和で、ある程度の豊かさが担保された時代だからこそ、色白でたおやかな女性を理

350　本郷和人『日本史のツボ』文春新書、２０１８年。

想とするような、「女性差別」が進行したとも言えるだろう。

男色が大流行した江戸時代

ちなみに江戸時代は、男性同性愛が大流行した時代でもあった。正確にいえば、男色が少しも奇特なものと扱われていなかったのだという。[351]

もちろん男性同性愛は、江戸時代に始まったわけではない。平安貴族の日記にはたびたび記述が見られ、中には天皇がセックス目的で美しい少年を雇っていたという記述まで登場する。[352] また天皇が愛情表現として、寵愛（ちょうあい）する男を高い位（くらい）に任命するということもあった。[353] その後も、武士と寺院の中では男色文化が発展したことが知られている。

江戸時代になる頃には、男色は一大セックス産業として開花していた。都市部を中心

351 ゲイリー・P・リュープ『男色の日本史』作品社、2014年。
352 藤原頼長や藤原兼実の日記が、白河天皇や鳥羽天皇について言及している。
353 『平治物語』などによると、後白河天皇は愛人だった藤原信頼に異例の出世をさせたという。しかし信頼は最後は政争に敗れ、後白河にも捨てられ、京都の六条河原で斬首される。28歳で命を落とした「傾城の美男子」として伝説化されているが、NHK大河ドラマ「平清盛」ではお笑いタレントの塚地武雅が信頼を演じ、ファンを落胆させた。

として、経済的ミドルクラスが台頭することで、セックスの巨大市場が生まれたのだ。江戸、京都、大坂の三都のみならず、名古屋や仙台など数十の都市や宿場町で男が買えた。また男色を扱った出版物も次々と発行されている。

ただし、男性だけが好きな男性が多かったというよりも、男性とも女性ともセックスをする男性が多かったというのが実情のようだ。17世紀のベストセラー作家である井原西鶴は、作中の人物に「男色、女色のへだてはなきもの」と言わせている。性的関係において、男女は関係ないというのだ。[354]

現実社会においても、男色は結婚の妨げにはならなかった。将軍綱吉は女性より男性を好んだようだが、女性ともセックスをして、子孫を残している。

ここまで男性同性愛が流行した裏側には、男女比の問題もある。１７３０年代の江戸には、女性１００人に対して男性が１７０人もいたという。仕事を求めた地方の男性が江戸に集中したためである。その後、女性の移住も増えていくが、男女比が完全に一対一になるのは明治維新の前年にあたる１８６７年であった。

354　１６８６年に発行された『好色五人女』からのフレーズ。26歳まで女性と性的関係を持ったことのない主人公が、若い女性と関係を持った時に至った心境である。彼はその女性と結婚する。

女性の増加によって、江戸の男娼文化は少しずつ廃れていったらしい。そして明治時代に流入した西洋文化の影響によって、男性同性愛は一気にタブーとなってしまうのである。

実はラディカルだった「生産性」議員

「家族」の形は明治維新ですぐには変わらなかった。職住一体の零細企業のような家族が主流だったし、新たに制定された民法でも「家」制度が残された[355]。

ようやく家族に変化の兆しが訪れたのは、20世紀初頭（大正時代）だ。

第一次世界大戦後の好景気により、「会社」や「工場」が増えたことで、「男が外で働き、女が家事をする」という家族が増え始めたのである。

この時、初めて「専業主婦」という存在が生まれた。それまでの家族は、労働をしない人を養う余裕などなく、男も女も働ける人は全員で働くのが基本だったから、主婦の生まれる余地など無かったのである。

355　明治民法では家のトップを「戸主」、それ以外のメンバーを「家族」と定義するが、本稿ではその区別を用いていない。

このように、夫が働き、女が家事をするような家族を「近代家族」という。文字通り、近代に成立したからなのだが、一部の保守派の人々は、この「近代家族」を「日本の伝統的な家族」と勘違いしてしまうらしい。

近代家族は一気に日本中に広まったわけではない。20世紀半ばまで、この国では農業従事者が圧倒的に多く、「サラリーマン」や「専業主婦」になれたのは一部の特権階級の人々だけだった。都市部でも自営業者が多く、何もしなくても定期的に給料が振り込まれる「サラリーマン」は憧れの存在だったという。

また1930年代後半に戦争が本格化すると、戦地に行ってしまった男性の代わりに、女性は貴重な労働力となった。政府は「共働き婦人」の保護方針を打ち出し、全国の兵器工場などにも託児所が作られ、今でいう「女性活躍」が進められたのである。

しかし敗戦後、再び働く女性に逆風が吹き始めた。民法の改正によって「家」制度は廃止され、新憲法でも法の下に性別で差別されないという条文が設けられたものの、現実は一筋縄には進まなかった。[356]

356　横山文野『戦後日本の女性政策』勁草書房、2002年。

敗戦後、世帯単位の戸籍を廃止して、個人単位の出生カード制度を創設しようという提案がＧＨＱからあった。しかし日本の司法省は何と紙不足を理由に拒否。物資不足は本当だったが、官僚は実務を優先して最小限の法改正に留(とど)めたかったようだ。[357] 結局、世界でも希(まれ)なる戸籍制度が、マイナンバー制度が成立してからも残存している。

戦後日本は、めざましい勢いで経済復興を達成したが、経済が豊かになるにつれて、働く女性の割合は減っていった。高度成長期を経て、１９７５年になるまで、女性労働力率は低下し続け、専業主婦が増えていったのである。[358]

この章の冒頭で、「生産性」議員の、「昔の日本は夫が外で働き、お金を稼いで妻にわたし、家計のやりくりをしてい」たという発言を紹介した。

この「昔」はどんなに遡っても大正時代、それが一般化した時期となると、１９７０年代なのである。確かに半世紀前は「昔」と言えなくもないが、保守主義者が守る「伝

357 下夷美幸『日本の家族と戸籍』東京大学出版会、２０１９年。

358 １９３０年代から横ばいだった女性労働力率は、１９６０年代に大きく減少する。特に25歳から29歳に限定すると、１９６０年は56・５％あった労働力率が１９７０年には45・４％、１９７５年には42・６％にまで低下している（総務省統計局「労働力調査」）。

統」としては新しすぎる気もする。

仮に、このような近代家族の成立が困難になることで「日本」が「崩壊」するなら、1970年代より前の「日本」はずっと「崩壊」していたことになる。それはそれでラディカルな歴史観だが、一般的にそのような思想は保守とは呼ばれない。[359]

家族の未来と生殖の未来

確かに「家族」は徐々に姿を変えつつある。1950年代の日本は生涯未婚率が男女ともに1％台だったが、2015年には男性23・4％、女性14・1％にまで高まっている。[360]この生涯未婚率は2035年には男性30％、女性20％になると予測されている。つまり結婚が「当たり前」ではなくなるということだ。

このような時代に、特定の形の「家族」だけを「当たり前」と考える必要はない。男

359　「勉強不足」と呼ぶことはできる。大した歴史もないものを「伝統」とありがたがる人々は多い。それをあざ笑う本としてパオロ・マッツァリーノ『歴史の「普通」ってなんですか?』（ベスト新書、2018年）がある。30年も続けば「輝かしい伝統」になってしまうことが多いらしい。

360　生涯未婚率は、50歳以上の男女のうち結婚歴のない人の割合。最近では単に「50歳時未婚率」とも言う。

同士の家族がいてもいいし、精子バンクや養子制度を用いて望んでシングルマザーになる人が増えてもいい。これまでの「家族」という言葉が通用しないくらい「家族」は多様化していくはずだ。

それでも、母子の結びつきが一番根強く残るだろう。出産が機械に代替される目処(めど)は立っていない。つまり、女性が子どもを産むという意味において、母子の結びつき自体は希薄になりにくい。

ただし、テクノロジーが家族のあり方を根本的に変えてしまうことはあるかも知れない。たとえばｉＰＳ細胞は、原理上は皮膚細胞から精子も卵子も作ることが可能だ。研究が進めば、高齢同士や同性同士のカップルでも子どもを産めるようになるだろう。場合によっては子宮は代理母に頼むことになるが、女性を悩ませる出産や育児に、厳密な意味でのタイムリミットがなくなるのだ。また同性婚に反対する根拠になってしまった「生産性」の問題もクリアできることになる。

それは、ある時代を理想と考える人には「家族崩壊」と見えるかも知れない。だが日本史を振り返る限り、普遍的な「家族」像など存在しない。「家族崩壊」を唱える人が恐れるべきは、自身の頭の崩壊である。

12　未来と予測の日本史

２０２５年に大阪万博の開催が予定されている。万博とは万国博覧会の略。１８５１年にロンドンで始まって以来、もっぱら未来をプレゼンテーションする舞台としての役割を担ってきた[361]。

何といっても日本では１９７０年の大阪万博の成功が人々の記憶に焼き付いている。超音波で自動入浴ができる「人間洗濯機」、家にいながら仕事や買い物ができる「万能テレビ」など、当時の「未来」が万博には詰め込まれていた。

さて、現代人は当たり前のように「未来」という言葉を使う。しかし「未来」は「過去」からずっと存在したわけではない。もちろん、昔の人にも「明日」や「明後日」と

361 平野暁臣『万博の歴史』小学館、２０１６年。

いう概念はあり、予言者たちは先のことを語ろうとしてきた。しかし現代人が語る「未来」と、過去における「未来」はまるで意味合いが違った。この章では「未来の歴史」を振り返っていこう。

時代は回る？　それとも進化する？

最近の日本では、未来をめぐる議論が盛んだ。

たとえば総務省は、2030年代に実現させたい未来として、空陸両用の「クルマヒコーキ」、人手不足解消の切り札となる「全自動農村」、日常生活をケアしてくれる「お節介ロボット」などを提案している。[362]

このように、現代における「未来」は、科学技術の進歩によって実現される、よりよい社会として描かれることが多い。

しかし古代や中世における「未来」は違った。そもそも当時は、進歩という概念自体がなかったと言われる。おそらく昔の人は、世の中がより良く変わっていくという発想

362 総務省情報通信審議会「未来をつかむTECH戦略」中間とりまとめ、2018年。

を持ち合わせていなかった。まるで季節が巡るように、日々はその循環の中にあると考えたようなのだ。

縄文人は生命の循環を信じていたらしい。[363]「あの世」に行くとは自然に還るということであり、自然の一部になった人はいつかまた「この世」へ再生してくる。まるで「千の風になって」[364]のような価値観を信じていたというのだ。

しかし21世紀になって「千の風になって」が流行したことからもわかるように、少なくとも日本において循環思想は今も特殊な考え方ではない。たとえば中島みゆきも、代表曲「時代」において「時代はまわる」、「倒れた旅人」であっても「生まれ変って歩き出す」と歌っている。[365]このように「時代」が「まわる」という価値観は、よりよい未来を信じる総務省とはほど遠い。

古代から中世にかけての「未来」語りの多くは、「予言」として現れた。異界と交流

363　山田康弘『縄文人の死生観』角川ソフィア文庫、２０１８年。世界的に考えても、キリスト教が広がる前は、循環思想は一般的な発想だったと考える研究者は多い。
364　アメリカ発祥の作者不明の詩を日本のクリエイターが翻訳、２００６年に歌手の秋川雅史によって歌われたバージョンが人気を博し、大きな話題となった。
365　中島みゆき「時代」１９７５年。

し、神仏の言葉を聞けるとされたシャーマンは重宝された。その生き残りが、東北のイタコであり、沖縄のユタである。

同じように、古代の人々は夜に見る夢を予言と考えることもあった。[366]『日本書紀』には、王位継承を夢見で決めるという描写がある。[367]また平安時代の日記や説話集によれば、当時の貴族は大いに夢を気にしていた。それは夢を、神託の一種だと考えていたからである。現在でも「正夢」や「予知夢」という言葉があるが、他に判断材料が少なかった時代では、夢への信頼度が必然的に高かったということなのだろう。

聖徳太子の未来予想

文字の普及により、予言が書き留められるようになった。それが未来記(みらいき)である。[368]

一体、未来記にはどのようなことが記されていたのか。結論からいえば、現代人から見た時に、大した内容は何もない。少なくとも2017年にモリカケ問題が盛り上がり

366 西郷信綱『古代人と夢』平凡社、1993年。
367 実在性が疑問視される崇神天皇に関する描写なのでエピソード自体は創作だろう。
368 未来記に関しては、小峯和明『中世日本の予言書』(岩波新書、2007年)に大きく依拠している。

国中が混乱するとか、2018年に山手線の新駅名が「高輪ゲートウェイ」に決定したとか、2020年に新型コロナウィルスが世界的に流行してアベノマスクが配られるとか、そんな予言は一切書かれていない。

未来記の中でも有名なのは『野馬台詩（やまたいし）』である。5世紀生まれの中国の予言者の作と伝えられてきたが、確かなことはわかっていない。ただし8世紀末の文献には『野馬台詩』の本文が記されているので、成立や伝来はそれよりも古いと考えられている。[369]

本文は「東海姫氏国　百世代天工」から始まる五言二十四句の詩だ。比喩が多く、解読は専門家でも難しいというが、統治のうまくいっていた国で下克上が起こり、王家が滅び、全国で戦乱が発生する。そしてついに「茫茫遂為空」、つまり世界は崩壊してしまうというのだ。冒頭の「東海姫氏国」は日本と解釈されることが多い。「百王流畢竭」（百王の流れはついに尽きる）というフレーズもあり、天皇は百代で日本は終わるという終末思想の根拠にもされた。

正直、「予言」というにはあまりにもおそまつである。日本列島に限っても、一度成

369　鎌倉時代末期の成立『延暦寺護国縁起』に「延暦九年注」として引用されている。延暦九年は790年に当たり、平安京遷都の少し前。「延暦九年注」の全文は伝わっていない。

立した国が滅び、内乱が起こるという歴史は何度も経験してきたことだ。

ただし、そのぶん『野馬台詩』の内容は普遍性を持つ。それゆえに、この詩は長い間、人々を魅了してきたのだろう。15世紀に起こった応仁の乱でも『野馬台詩』の内容は真剣に受け止められた。

聖徳太子の未来記も有名である。存在自体が疑問視されることもある「聖徳太子」だが、彼が未来記を残していたというのだ。[370]

たとえば鎌倉時代に成立した『古事談』という説話集には、１０５４年に聖徳太子の陵墓のそばから未来記の入った箱が発見されたというエピソードが紹介されている。この件に限らず、その後も聖徳太子の未来記は幾度となく「発見」されてきた。

しかしその内容はバラバラで、空から猿が降ってくるとか、様々なバージョンが誕生している。しかも基本は、現実に起こった事件を後追いする形で、過去の未来記が「発見」されているに過ぎない。

370 聖徳太子は、５７４年生まれの政治家。推古天皇の摂政として活躍したとされる。実存を疑う説もある。

驚くべきことに、21世紀になっても聖徳太子の未来記を信じる人々もいる。[371]『聖徳太子の「未来記」とイルミナティ』という本によれば、大阪の四天王寺には聖徳太子直筆の未来記が秘匿されているという。[372]そればかりではなく、未来記は1000年以上前にシルクロードを渡り、イルミナティの設立にも影響を与えたというのだ。著者は実際に「未来記」を手に取ったこともなく、存在するという根拠も、もっぱら「四天王寺の重要関係者・T教授」の発言のみである。

『日本書紀』には、聖徳太子が出来事を未然に知ることができたという記述がある。それが根拠となる形で、数々の未来記は生み出されてきた。「聖徳太子」の知名度が失われない限り、これからも珍妙な未来記が「発見」されていくのだろう。

371　中山市朗『聖徳太子の「未来記」とイルミナティ』学研プラス、2017年。同書ではモーツァルトの「魔笛」を「フリーメーソンの最高神が、日本の王子に讃辞を送り、報いとして永遠の王冠が授けられる」ストーリーだと解釈している。

372　四天王寺は、法隆寺などと共に聖徳太子が建立に関わった寺とされる。しかし、公式ウェブサイトによれば、1945年の大阪大空襲によって、「境内のほぼ全域が灰燼に帰してしま」ったという。

平安貴族も恐れた「世界の終わり」

古代から中世にかけて流行した未来記と、原始的な循環思想には大きな違いがある。それは、多くの未来記が「時代はどんどん悪くなっている」という発想に立っている点だ。

平安時代に貴族の間で流行した末法(まっぽう)思想という終末観がある。[373] 1052年に仏教が衰退し、ひどい世の中である「末法」の時代になってしまうというのだ。

当時の人々の信じるところによれば、釈迦入滅後、まず1000年は正法(しょうぼう)(釈迦の正しい教えが伝わる時代)、続いての1000年は像法(ぞうぼう)(形だけの教えをまねる人が増える時代)が訪れる。そして到来するのが「末法」である。[374] 仏教が衰退し、世の中が混乱してしまうというのだ。

この末法が1052年から始まると考えられていた。実際、10世紀から11世紀にかけて、貴族社会が大いに揺れ動いていたのは確かだ。列島のあちこちでクーデターが発生したばかりでなく、干魃や飢饉、さらには大地震や噴火などの自然災害にも苦しめられ

---

373 川尻秋生『揺れ動く貴族社会』小学館、2008年。

374 まさか当時の貴族は、釈迦(ブッダ)が21世紀の立川の安アパートでイエス・キリストと共同生活を送る未来なんて想像もしていなかっただろう(中村光『聖☆おにいさん』講談社)。

た。貴族たちは末法を恐れると同時に、死後に極楽浄土へ行けることを約束する浄土教にも帰依した。

「この世をば　わが世とぞ思ふ　望月の　欠けたることも　なしと思えば」という和歌を残し、権力の絶頂を極めた藤原道長でさえ、浄土教の熱心な信者だった[375]。

この尊大な和歌を残した翌年の１０１９年、道長は剃髪して出家する。持病に苦しみながら、地上に極楽浄土を再現したような法成寺という巨大寺院を建築した。

道長の死後、実際に末法に当たる１０５２年が訪れてしまう。その翌年の１０５３年、道長の長男によって建築されたのが平等院鳳凰堂だ[376]。10円玉の表側で有名な建築物である。鳳凰堂は、現世の極楽浄土として作られた[377]。

375　道長は歌を披露する前に「誇っている歌ではない」というエクスキューズをしていた。少しばかりの照れがあったのだろうか。ちなみにこの歌を詠んだ翌日、道長は視力の低下を嘆いており、実際に望月（満月）を眺められていたかは怪しい（倉本一宏編『現代語訳 小右記』9巻、吉川弘文館、２０１９年）。

376　当時は「阿弥陀堂」と呼ばれていた。創建当初は州浜か池の上に直接建築されていたという。

377　ちなみに鳳凰堂は現在に伝えられているが、法成寺は鎌倉時代には失われ、今では小さな石標が残るばかりになっている。

このように、平安時代の貴族は「時代は悪くなる」という前提に立って生きていた。だからこそ救いを求めて、立派な寺院を建立したわけである。

ただしこれは日本特有の発想ではない。中世ヨーロッパの人々も、世の中がより良く変わっていくなんて発想は持ち合わせていなかったらしい。自分たちは「最後の時代」を生きていて、このまま世界は終末を迎えるのだろうと信じていた。

客も遊女も高齢者ばかり？　江戸の未来予測

江戸時代になると、出版産業が活性化し、庶民も未来記を手に取る時代が訪れた。しかし、古代や中世のように熱狂的に未来記を信じたり、それによって政治が左右される機会は減り、気楽な読み物になっていったようだ。

それを象徴するのが、ユーモア未来記の出現である。『野馬台詩』には『野暮台詩』『野蛮台詩』『屁暮台詩』などのパロディ作品が作られた。それくらい人々が未来記というものを、客観視できるようになったことの現れだろう。

中でも興味深いのは1781年に出版された『無益委記』という作品である。[378] 聖徳太子の未来記のパロディなのだが、「人王33333代」にあたる未来を予測した黄表紙（大人向けの絵入り小説）作品だ。

若者のちょんまげが刃物のように鋭利になっていたり、新しもの好きのためにカツオが12月にも売られるようになったりと、他愛のない未来予測ばかりだが、現代を先取りしたような描写もある。たとえば、遊郭で女性が男を買うようになったり、社会の高齢化が進みお客も遊女も老人ばかりになるといった具合だ。さながらホストクラブに通う女性や、高齢化社会を予見したようでもある。

しかし未来語りが盛んになるのは、何といっても明治維新以降、西洋文化を輸入するようになってからだ。

注目すべきは、これまであまり見られなかった「明るい未来」が積極的に語られるようになった点である。考えてみれば『野馬台詩』も世界が終わるという予言だし、パロディの『無益委記』も、文化の衰退を嘆いていた。どっちも暗い未来予測なのだ。

378 恋川春町『無益委記』1781年。国立国会図書館デジタルコレクションで読むことができる。

そもそも、明治時代以降には当たり前になった社会を良くしようという「社会改良」という発想も、江戸時代までは「謀反」と捉えられる危険があった。少なくとも建前としては、正しいものを正しく繰り返すことが政治の安定であり、「先例」が何よりも大切にされたわけだ。[379]

ユートピアは未来にある

「明るい未来」という考え方が一般的ではなかった中世ヨーロッパで「明るいもの」、つまりユートピアは「この世界のどこか」にあると思われていた。[380]

たとえば、トマス・モアの『ユートピア』も、新大陸に存在する三日月型の島が舞台だった。『アーサー王物語』の主人公も、イギリスのどこかにあるらしい伝説の島アヴァロンで最期を迎えた。[381]

379 長山靖生『懐かしい未来』中央公論新社、2001年。
380 川端香男里『ユートピアの幻想』講談社学術文庫、1993年。
381 ユートピアが「いま、どこか」にあるというのは、日本でも同じだった。『日本書紀』に収録された浦島物語によれば、主人公は海の彼方の蓬萊山に赴き、仙人に会っている。

しかし次第にユートピアは、「この世界のどこか」ではなく、「未来のどこか」にあると考えられるようになった。

一つは大航海時代と大探検時代によって、地球上のどこにもユートピアなんてものがなさそうだとわかってしまったから[382]。

加えて、鉄砲など身分制を揺るがすような発明、泥沼の宗教戦争などによって、人々は素朴には神を信じられなくなってしまった。そんな時代に、人間の理性を信じて不合理なものを排していけば、より良い社会を作っていけるという「進歩思想」が生まれたわけである。

進歩思想は科学とも相性がよかった。事実、科学は、19世紀末から20世紀初頭にかけて人々の生活を次々と変えていった。主な例を挙げるだけでも、電話の発明（１８７６年）、結核菌の発見（１８８２年）、ライト兄弟による飛行実験の成功（１９０３年）、自動車の大量生産開始（１９１３年）といったイノベーションが起きている。

欧米では、科学が無限に発達していくという想定のもと、様々な未来予測が立てられ

382 そう考えると21世紀になっても「ブータン」とか「北欧」とか、ユートピアを発見し続ける日本はすごいのかも知れない。

た。[383]ティーポット型の蒸気自動車、空飛ぶ車、水中ホテル、国際テレビ電話、携帯無線電話での株の売買といった具合だ。

何せおびただしい未来予測が立てられたので、国際テレビ電話のように実現したものも多い。しかし手紙に代わる通信手段として、吹き込んだ音声を人間に配達してもらう予測があったりと、「未来」がその時代の想像力に縛られてしまうものだということがわかる。

明治維新（1868年）後の日本でも、未来記の代わりに、科学的な未来予測が大流行するようになった。特に時代を100年単位で区切る「世紀」という概念が導入されたため、1900年頃には「2000年予測」が流行する。

1901年に『報知新聞』は、「20世紀の予言」と銘打ち、23項目で20世紀中に実現しそうなことを予測した。[384]2005年に文部科学省が白書の中で真面目に検証しているが、23項目のうち、「写真電話」（テレビ電話）、「七日間世界一周」（飛行機の発達）、「暑

383 アンドリュー・ワット、長山靖生『彼らが夢見た2000年』新潮社、1999年。
384 横田順彌『百年前の二十世紀』筑摩書房、1994年。

寒知らず」（エアコン）、「遠距離写真」（テレビ）など12項目が実現している。[385]

中には「人と獣の会話自在」「蚊及び蚤の滅亡」「幼稚園の廃止」など現実となっていない項目も多いが、全体としては悪くない精度である。それは、中世の未来記とは違い、科学的想像力によってなされた予測だからだろう。たとえば電話自体はすでに1876年に発明されているので、同時に「写真」も送れるようになるという発想は決して荒唐無稽ではなかった。

「人間の不安は科学の発展から来る」？

もっとも科学は、「明るい未来」だけを約束するものではなかった。夏目漱石が1912年から連載を始めた小説では、登場人物の「兄さん」にこんなことを語らせている。[386]

「人間の不安は科学の発展から来る。進んで止まる事を知らない科学は、かつて我々に止まる事を許して呉れた事がない」。社会のスピードがどんどん速くなり「何処まで行っても休ませて呉れない。何処まで伴れて行かれるか分らない。実に恐ろしい」というのだ。

385 文部科学省『科学技術白書』2005年。
386 夏目漱石『行人』新潮文庫、1952年。『朝日新聞』で1912年から1913年にかけて連載された。

これに主人公の「私」も「そりゃ恐ろしい」と同調している。

しかし、そうした「不安」な人を振り落とすように、科学は容赦なく社会を変えていった。少なくとも20世紀の歴史を振り返る時、科学の影響力は無視できない。電球、ラジオ、テレビ、洗濯機、自動車といったように、科学が生み出したプロダクトによって、人々の生活スタイルは変化した。

B29や原子力爆弾など、科学の成果物によって日本は壊滅的な被害に遭ったが、この国の人々が「科学嫌い」になることはなかった。

原子力に関しては「平和利用」が盛んに喧伝され、1957年に東海村で原子炉臨界実験が始まった日の『朝日新聞』は、「原子の火」が「日本に初めてともる」ことを大喜びして伝えている[387]。1963年に動力試験炉が初発電を実施したというニュースも、「原子力による電灯があたたかくまたたいた」と極めて好意的に報道している[388]。

原子力は素晴らしい未来を約束してくれるテクノロジーだった。当時の雑誌には、

---

387 社説では「日夜人知れぬ苦労を重ねて来た多くの関係者の努力が、ここに報いられた」と延べ、原子力発電の危険性にはまだ関心が払われていない（『朝日新聞』1957年8月27日朝刊）。

388 『朝日新聞』1963年10月27日朝刊。この初発電を記念して、10月26日は原子力の日となった。

「原子力機関車」「原子力飛行機」「家庭用原子炉」など、中途半端に実現していたら大惨事になっただろう「未来」が並んでいる。[389]　1963年からアニメ放映の始まった『鉄腕アトム』も、初期の設定では原子力を動力としていた。主題歌の「ララ　科学の子」という歌詞には、当時の素朴な科学観がうかがえて興味深い。[390]

子ども雑誌にも、「明るい未来」が溢れていた。[391]　街には空飛ぶ車が行き交い、東京湾には人工都市が建設され、宇宙旅行も当たり前になっているというのだ。そのような「明るい未来」のオールスター集合が1970年の大阪万博だった。

未来は時代に束縛される

ここまで「未来の歴史」を振り返ってきた。つくづく気付かされるのは、いかに「未来」がその時代に束縛（そくばく）されるかということだ。古代から中世にかけては、インターネットや超高層ビルを予測したような未来記は皆無だった。

389　早川タダノリ『原発ユートピア日本』合同出版、2014年。
390　「鉄腕アトム」主題歌。作詞は谷川俊太郎。
391　堀江あき子編『昭和少年SF大図鑑』河出書房新社、2009年。

そして、たった半世紀前の「未来」でさえ、それは時代状況が色濃く反映されている。
１９５０年代から１９７０年代にかけて、この国は工業の実現する豊かさの中にいた。自動車が普及して、テレビが各家庭に入り、徐々に飛行機も一般的になっていった、そんな時代である。当時の未来予測は、「自動車」とか「ロボット」とか、工業製品が無限に発達していく未来を夢見ていたものが多い。
実は、21世紀の人々も、相変わらず工業化社会の「未来」に束縛されていることが多い。ＮＨＫが２０１５年に放送した「ＮＥＸＴ ＷＯＲＬＤ」という番組では、東京湾上に高さ１６００ｍを超える超高層ビルを中心とした海上都市ができるとか、まるで昭和の子ども雑誌にも掲載されていそうな「未来」が多数紹介されていた。[392]
冒頭に紹介した総務省の描くのも、工業化社会の「未来」そのものである。経済産業省も２０１８年になって空飛ぶクルマの実現を目指す官民会議を立ち上げた。[393]

392 ＮＨＫスペシャル「ＮＥＸＴ ＷＯＲＬＤ」制作班編『ＮＥＸＴ ＷＯＲＬＤ』ＮＨＫ出版、２０１５年。
393 経済産業省「空の移動革命に向けた官民協議会」２０１８年。本当に空飛ぶクルマが普及したら、空の渋滞が起こったり、違法航空を取り締まるために警察ＯＢが幅をきかせてきたり、ろくなことがなさそうなんだけど。

省庁の掲げる「未来」の古臭さには仰天するばかりだが、実はかつては国家官僚によるまともな未来予測も存在した。

通商産業省の官僚だった堺屋太一の『団塊の世代』だ。[394] 1976年に書かれたこの近未来小説は、その後の高齢化社会やシルバーデモクラシーをかなり正確に予言していた。それは同書が、技術ではなく、人口動態や社会保障、財政という観点を含めて日本の未来を考えていたからである。[395]

現在、巷に溢れる未来予測にはこうした視点が欠けていることが多い。[396] そりゃ、国家を傾けるほどのお金をつぎ込んでいいなら、海上都市も空飛ぶクルマも実現できるだろう。しかし、あらゆる社会は財政、倫理など様々な制約の中に存在している。技術的に可能なことと、社会的に可能なこととは違うのだ。

たとえば2000年代の日本はブロードバンド先進国だったが、Ｎｅｔｆｌｉｘは

394 堺屋太一『団塊の世代　新版』文春文庫、2005年。連載は1976年。
395 大阪万博の立役者の一人でもある。ただし何でも「万博」で解決しようとする発想は、情報化社会とは非常に相性が悪く、「インターネット博覧会」という珍妙なイベントを実現させてしまった。
396 ベストセラーになった河合雅司『未来の年表』（講談社現代新書、2017年）は珍しく人口動態に注目した未来予測である。ただ、いささか悲観的すぎるけれど。

ネット後進国だったアメリカで誕生した。いくら5Gが普及したところで、それ自体は画期的なイノベーションを約束しない。[397]

今や、技術はたやすく国境を越えてしまう。この10年間で起こったスマートフォンの普及などは、全て海の向こうから突然もたらされた「未来」ばかりだった。日本発の独自の「未来」が世界を席巻（せっけん）する日は訪れるのだろうか。

大阪万博をその起爆剤にしたい経済人は多いが、先行きは非常に厳しい。

397　日本は金子勇など優秀なプログラマーを逮捕したり（最高裁で無罪）、国家ぐるみでイノベーションをつぶしてきた「前科」がある。

13　戦争と平和の日本史

人類はいつ戦争を始めたのか？　その起源はよくわかっていない。古代において、人々はまるでユートピアのような平和な生活を営んでいたのか、それとも血で血を洗うような争いを日々繰り広げていたのか。戦争は人間の「本能」なのか否か。研究者によってその主張は真っ向から対立している。

最近流行しているのは、農耕社会が成立する前から人類は当たり前に戦争をしていたという学説だ[398]。実際、5万年前のネアンデルタール人の遺骨には敵に刺されたと見られる胸の傷が残されているし、3万年前から1万年前まで時代が下ると、世界各地の墓所から負傷した骨が当然のように見つかっている。

398 アザー・ガット『文明と戦争』中央公論新社、2012年。

しかし発見されている証拠は限定的だ。そこで研究者たちは、太古の昔を想像するために、現代の狩猟採集民に注目する。彼らの生活は、文明化される前の人類と共通点が多いと推測できるからだ。

ある研究によると、狩猟採集型社会の実に90％で暴力を伴う紛争(ふんそう)が起きていて、ほとんどの集団は2年に一度の割合で集団間の戦争が起きていたのではないかという。ちなみにチンパンジーも戦争をするが、戦闘による死亡率は人類の部族社会と近いらしい。[399]

ただし、戦争を人類の「本能」と言い切ってしまうのは早計だ。

仮に、多くの人間に先天的に攻撃性が備わっていたとしても、それが発動するかどうかは環境に大きく依存するだろう。水も食料も豊富にある広大な土地にたった数十人しか人間がいない場合と、砂漠のような荒廃した場所で何千人もがひしめき合っている場合とでは、当然後者のほうが戦いは起こりやすくなるはずだ。

それは、日本の研究からも推察できる。

399 ジャレド・ダイアモンド『昨日までの世界』日本経済新聞出版社、2013年。

平和な縄文時代、危険な弥生時代

山口大学と岡山大学の共同研究は、日本の縄文時代は暴力による死亡率が1・8%だということを明らかにして、「戦争は人間の本能である」という考え方に一石を投じた。[400]日本列島にある242カ所の遺跡から2582点の人骨を調査し、そのうち「暴力によって傷を与えられたと推測される人骨」は、たった23点に過ぎなかったというのだ。

現代人からすれば暴力による死亡率が1・8%というのは、非常に恐ろしく感じられる。たとえば2019年の日本では、他殺による死亡者が293人いた。[401]対して年間死亡者は約136万人だったから、他殺で死ぬ確率は単純計算でわずか0・0002%ということになる。

それでも1・8%という数字は、他の地域からすれば随分とマシなのだ。ある人類学

400 「日本先史時代における暴力と戦争」岡山大学、2016年。この研究で「縄文時代」は紀元前13000年から紀元前800年と定義されている。
401 厚生労働省「人口動態統計」における2019年の推計数。

者は、典型的な部族社会は毎年人口の0・5％を戦闘で失っていたと推測する[402]。しかも狩猟採集型社会では、男性の実に15％から60％が争いによって命を落としていたという。もし人類がその死亡率のまま20世紀が終わっていたら、20億人が戦死していたという計算になる。

当時の日本列島が「平和」だったとしたならば、それは人口密度や自然環境によるところが大きいのだろう。縄文時代の人口はせいぜい26万人程度だったと推測されている[403]。そんな人口密度では、争いをしようにも他の集団に会うこと自体が難しい。そもそも自給自足型の社会では、大規模な戦争が起きにくい。近隣から作物を採ったり、他のコミュニティとの物々交換で用が足りるからだ。水や土地を巡る争いは発生しただろうが、長続きしない。

しかし列島で本格的に水稲農耕が始まるようになると、戦争も増えていく。

この時代には、鉄など長距離交易でしか入手できない物流資源が価値を持ち始めた。どうしても欲しい資源が希少材となれば、物々交換では済まなくなる。そこで本格的な

402 Keeley, Lawrence H. (1996) *War Before Civilization*, New York; Oxford University Press.
403 鬼頭宏『人口から読む日本の歴史』講談社学術文庫、2000年。

抗争が起こりやすくなる。
その意味で、縄文時代が終わり、大和政権が誕生するまでの間、列島中で戦争が絶えなかったのは不思議ではない。
世界中で起きてきた様々な暴力の歴史をまとめあげた研究によれば、どんな独裁政権であっても無政府状態よりはマシだという。[404] 確かに近現代史を見ても、権力崩壊後に発生する混乱期にこそ、大量虐殺が発生している。20世紀に起きたロシアや中国の内戦、1991年から続くソマリアの混乱がその最たる例だ。[405]
大和政権が力を持つ前の近畿中央部では、実に500年にもわたって断続的な武力抗争が続いていたという。拠点は環濠で囲まれ、それぞれの地域が独自に武器の製作や保有をしていたらしい。[406] つまり単発的な戦闘行為は起こっていたが、それは負けた瞬間に勝った集団に服従するといった類の戦いではなかったということだ。

404 マシュー・ホワイト『殺戮の世界史』早川書房、2013年。
405 マシュー・ホワイトの推計によれば、1918年から1920年にかけてのロシアの内戦では900万人、1927年から1937年、1946年から1949年に二度も起こった中国の内戦では計700万人が犠牲になった。ソマリアの内戦では50万から100万人が命を落としたと見られる。
406 松木武彦『日本列島の戦争と初期国家形成』東京大学出版会、2007年。

しかし次第に、集団間に支配・従属関係が生まれていく。その規模が拡大していくにつれ、環濠集落も消え、武器の使用も減っていったという。集団で戦闘をする時代から、一部の有力者が武力を独占する時代になったのだ。

人々はある程度の平和は手にしたが、代わりに身分差別は深刻になった。その一つの象徴が、列島中に造営された巨大古墳である。当時の政権は、膨大な労働力を軍事目的ではなく、自らの権威付けのために投入したのだ。

驚くほど戦争の少ない古代日本

列島内の統一が進んだからといって、一気に平和な時代が訪れたわけではない。4世紀末から5世紀にかけて、そして7世紀後半、古代日本は朝鮮半島に出兵している。

また卑弥呼の死後に発生したという「倭国大乱（わこくたいらん）」、大和政権の列島統一にいたる過程での戦い、天皇家の跡継ぎをめぐって繰り広げられた壬申の乱、東北地方に住んでいた人々に対する三十八年戦争など、列島内では断続的に戦いが起きていた。

だが当時の日本のこうした戦争は、中国や朝鮮半島、ヨーロッパ、イスラム圏の国々と比べると、はるかに規模も頻度も少なかったらしい[407]。

他国では対外戦争が当たり前だったたし、一度ある王権が一定の領土を支配できても、クーデターを繰り返されることは珍しくなかった。徳を失った王朝は滅ぼしてもいいという易姓（えきせい）革命を信じる中国が代表的である。

しかし日本では、易姓革命を否定して、天皇家の支配の根拠は世襲ということにされた。しかも軍事力を担ったのも皇族から別れた源氏や平氏といった具合に、武力さえも世襲で受け継がれた。そのため、「乱」と呼ばれる程度の騒乱はあったものの、本気で国家や天皇を倒し、新しい国家の樹立を目指すといった類いの戦争は発生していない。

そして何らかの反乱が起こっても、権力者側は敗者に対して穏便な措置を執ることが多かった。たとえば古代最大の内乱といわれる壬申の乱でも、極刑となったのは8人のみで、ほとんどの参加者は軽微な罪で済まされた。

407　倉本一宏『内戦の日本古代史』講談社現代新書、２０１８年。

「強い日本」の誕生と終焉

一方で「戦争」は、天皇を中心とする「強い国家」を建設する上で、都合のいい文句ともなったようだ。[408] ６００年代後半の日本は朝鮮半島での武力衝突も経験し、半島か大陸から侵攻の危険がなかったわけではない。

この時期、古代日本は戸籍を整備した上で、徴兵制を実施している。重要なのは、戸籍も徴兵も中央が主導したということだ。それまでも地方が独自で地元住民を徴兵していたし、便宜上の戸籍のようなものもあったのかも知れない。それを、時の権力者たちは、何なら他国との「戦争」ができる中央集権の「強い国家」に変えようとしたのだ。

実際はその頃、北東アジアは平和を迎えつつあり、そのような「強い国家」が本当に必要だったのかは疑問が残る。[409] 特に６７６年には朝鮮半島の支配権を巡る戦いも終わっ

408 倉本一宏『戦争の日本古代史』講談社現代新書、２０１７年。

409 当時、北東アジアは揺れていた。同盟関係にあった唐と新羅は、百済を６６０年、高句麗を６６８年に滅ぼしている。日本（倭国）も参戦し、敗北を喫した６６３年の白村江の戦いは、百済の再興を目指し、唐・新羅連合軍と戦ったものである。しかしその後、唐と新羅も半島の支配権を巡って対立、６７０年から６７６年にかけて唐・新羅戦争が起こった。結局、唐は半島から撤退し、日本の軍事国家化が進んだ６００年代後半には、北東アジア情勢はすでに安定していた。

ており、日本には喫緊のリスクがあったとは考えにくい。

結果的に「強い国家」が建設されようとしたわけだが、それは当時の日本を考えると、身の丈に合わないものだった。割を食ったのは一般人である。徴兵のために労働力が奪われた上に、それ以外の税負担も重かった。

無理は長続きしないものである。徴兵制は、一般人からではなく、むしろ権力者から問題視された。

8世紀後半には徴兵制が「社会のお荷物」と見なされるようになっていたのである。諸国の軍隊は軟弱で歩兵としても期待できない。徴兵期間中は税が免除されるため、納税も生産もしない。本当にそんな徴兵制は必要かという問題提起がされたのである。

結果的に、徴兵制は廃止されることが決まり、主要な場所以外の軍隊は解散させられた。[410] こうして日本の軍隊は、弱い一般人を集めて鍛錬を施す制度から、弓や馬術に長けた専業兵士を活用する方針に舵を切ったのである。

しかし弓馬などの武術を取得するには「暇」である必要がある。農作業に追われる

410 現代でも軍事技術の高度化・専門化が徴兵制不要論の根拠とされる。「素人」を使いこなすのはいつの時代も大変なのだ。

人々が、弓馬の練習にそれほど時間を割けるとは思えない。

結果、金持ち百姓など、余裕のある一般人が軍隊で活躍するようになったと考えられる。彼らにとって軍隊に入ることは、魅力的な出世ルートだったはずだ。その中でも皇族や貴族の子孫たちと結びついた集団が、「武士」の源流になったと考えられている[411]。要は身元のしっかりした田舎のヤンキーたちだ。

「神風」は吹かなかった

こうして「武士」の活躍する中世が始まるわけだが、彼らは年がら年中、戦争に明け暮れていたわけではない。大規模な戦争が数十年にわたって起こっていない時期もある。中世が危険なのは、教科書に載るような内戦ではなく、むしろ日常生活だろう。江戸時代や現代のように武力が国家に独占されていたわけではないので、どんな身分の人で

411 桃崎有一郎『武士の起源を解きあかす』ちくま新書、2018年。同書の言葉を使えば、武士の誕生は郡司富豪層の有閑弓騎と、武人輩出氏族の異質な勢力が、王臣子孫のもとに統合されたことに求められる。「地方の農民が、土地や財産を自衛するために一族で武装し、武士になった」という説は、現在では間違いと見なされることが多い。

も武力蜂起が可能だった。

しかも複数の法律や慣習が併存（へいぞん）していて、唯一の正義などなかった時代だ。記録によれば、荒々しい喧嘩や殺人が列島上で確認されている。特に京都の大路・小路といったストリートは危険だった。袖振り合うも殺し合いといった有様である。[412]

中世には、権力者が交代するような「戦い」も何度か起こっているが、規模は決して大きくない。有名な関ヶ原の戦いでさえ、決着までに要した時間はわずか6時間から8時間と考えられている。

対外戦争の経験も多くない。そもそも古代・中世の日本が海を渡ってまで仕掛けた戦争は、たった3回のみである。[413]

13世紀後半には、2度にわたってモンゴルに侵攻され、九州で戦闘行為が発生して

412　清水克行『喧嘩両成敗の誕生』講談社、2006年。正義が併存する時代において、中世人が重視したのが「折中の法」というバランス感覚だったという。
413　5世紀の高句麗戦、7世紀の白村江の戦い、そして16世紀の豊臣秀吉による朝鮮侵攻。

いる。[414] モンゴルへの服属を拒否したために発生した戦争である。[415] いわゆる「蒙古襲来」だ。台風が吹き、敵船が沈んだことで、のちの「神風」信仰のきっかけとなった戦いでもある。

１度目の戦いでは３００艘の大船と６００隻のボートが日本を訪れた。[416] 出港時には数万人が乗っていたと考えられている。しかし日本側は善戦し、モンゴル軍は撤退してしまう。嵐にも遭遇したが、それが勝敗に決定的な影響は与えなかった。

モンゴル軍はあきらめなかった。１度目の戦いから７年後、さらなる規模で日本を攻めてきたのである。こちらの戦いでも台風に遭遇し、モンゴル軍は大きな被害を受けている。しかし当時、戦いの当事者は誰も「神の力」とは言っていない。なぜなら、台風が

---

414 １２７４年の文永の役、１２８１年の弘安の役を合わせて元寇（蒙古襲来）と呼ばれる。

415 呉座勇一『戦争の日本中世史』新潮選書、２０１４年。仮にモンゴルに服従していた場合、モンゴルにとっての最大の敵国、南宋との戦争に駆り出されていた可能性もある。

416 神のおかげで勝ったという意識は、自分では戦っていない貴族や僧侶から広まった。詳しくは、服部英雄『蒙古襲来と神風』中公新書、２０１７年。

去った後も戦いは続いたし、日本側も大きな被害を受けたからだ。[417]

結局モンゴルは撤退し、その後の日本では「南北朝内乱」や「戦国時代」と呼ばれる内戦は経験するものの、海外から攻められることはなかった。そして江戸時代は約260年にわたって戦争の少ない時代が続いた。

このように、世界的に見れば戦争経験の少なかった日本であるが、明治時代が始まってからは、何もかもが変わってしまう。

異常な大日本帝国時代

「大日本帝国」となった日本は、朝鮮半島への侵略のみならず、中国などアジアの国々へもその勢力圏を拡大していく。

明治政府は、古代以来の徴兵制を1873年に復活させた。もっとも当初は免除規定も多く、実際に兵士になったのは該当者の3・5％に過ぎなかった。[418] 日清戦争の頃でも

417 『高麗史』の記述によると、実に「戦艦3500艘、蛮軍10余万」の大軍だったという。どの資料に依拠するかによって、軍の大きさには諸説ある。
418 加藤陽子『徴兵制と近代日本』吉川弘文館、1996年。

徴兵率は5％、明治末から昭和初期にかけても約20％だった。

当時の人々にとって、戦争とはあまりネガティブなものではなかった。戦争は、少なくともその初期においては景気を良くする。海水浴や国内観光も盛んになったし、戦争成金もたくさん登場した。勝利を続ける限り、戦争によって社会は明るくなるのである。[419]勝利のニュースを聞く一般人の様子は、昨今のサッカーワールドカップの様子を想像すればいいだろう。

しかし代償は大きかった。どんどん勢力を広げた大日本帝国は、アメリカをはじめとする連合国との戦争に突入し、大敗を喫する。

三島由紀夫の自伝的小説は、戦争末期に飛行機工場へ動員された時のことを次のように描く。「私はこんなふしぎな工場を見たことがない。近代的な科学の技術、近代的な経営法、多くのすぐれた頭脳の精密な合理的な思惟、それらが挙げて一つのもの、すなわち『死』へささげられているのであった[420]」。

その工場では特攻隊用の戦闘機が製造されていた。合理性を追求した近代科学の技術

419 NHK取材班編『日本人はなぜ戦争へと向かったのか』NHK出版、2011年。
420 三島由紀夫『仮面の告白』新潮文庫、1950年。

によって、特攻隊という極めて非合理な制度が運用される。大いなる矛盾だ。「国民国家」の無駄遣いと言ってもいいかも知れない。

日本は約310万人の死者を出した。世界的に見ても、第二次世界大戦は異常な戦いである。兵士2000万人、民間人4600万人、計6600万人が命を落としていて、人類史上最も多くの死者が生まれた事件だ。[421]

約60年間にわたる「大日本帝国」時代は、日本の歴史から見れば異常な時期といっていい。日本列島は古代から幾度となく戦争に明け暮れてきたが、国中を巻き込んで、海を越えてまで行った大規模な戦争など前代未聞である。

それは「国民国家」というシステムがなしえたことだとも言える。戦後日本は、その「国民国家」の仕組みを、うまく経済成長に利用した。結果、対外戦争はもちろん内戦もない、「平和」な時代が訪れた。

421　マシュー・ホワイト『殺戮の世界史』（早川書房、2013年）の数字による。

そして「平和」に平成は終わる

日本国憲法9条には、いわゆる戦争放棄が謳われている。文字数にして約130字ながら、戦後日本で数え切れない議論を巻き起こしてきた条文だ。

賛成派、反対派の意見対立は根強く、時に平和の象徴ともなれば、理想主義をあざ笑う代名詞にもなる。ピースボートというNGOが運営する世界一周クルーズ船では、ある時期「9条ダンス」なるものが踊られていたこともあった。[422]

そもそも、なぜ憲法9条は生まれたのだろうか。1945年に敗戦し、GHQによって民主化を迫られた日本。当時の政治家たちは、新しい憲法を制定せずに、大日本帝国憲法の「解釈改憲」でその場を乗り切れると思っていたらしい。[423]

しかし厳しい国際世論を前に、彼らの共通目標になったのが天皇制の維持だ。そして憲法9条の戦争放棄は、天皇制維持のいわば「交換条件」として生まれたものだった。

戦後すぐには廃止論も飛び交った天皇制であるが、2010年に行われた世論調査で

422 古市憲寿『希望難民ご一行様』光文社新書、2010年。
423 細谷雄一『戦後史の解放Ⅱ　自主独立とは何か』新潮選書、2018年。

は85％の回答者が天皇は「役割を果たしている」と答えている。[424] また、天皇制の廃止を望む人は8％しかおらず、今後の天皇制に関しては82％が「現在と同じく象徴でよい」と回答した。

大日本帝国憲法時代に「戦争」国家の顔だった天皇は、戦後には「平和」国家の象徴となった。平成の終わりも近い2018年12月23日の天皇誕生日に、「天皇陛下の記者会見」の模様が公開された。その中には、次のようなフレーズが登場する。

「先の大戦で多くの人命が失われ、また、我が国の戦後の平和と繁栄が、このような多くの犠牲と国民のたゆみない努力によって築かれたものであることを忘れず、戦後生まれの人々にもこのことを正しく伝えていくことが大切であると思ってきました。平成が戦争のない時代として終わろうとしていることに、心から安堵しています」

「平和」は訪れたが「戦争」はなくならない

平成にも、湾岸戦争やイラク戦争など日本が関わることになった戦争はあったが、そ

424　加藤元宣「平成の皇室観」『放送研究と調査』2010年。

れでも昭和に比べて平成が平和な時代だったことは論を俟たない。悲惨なテロや大災害は起こったが、死者の数は第二次世界大戦とは比べものにならない。

この平和はいつまで続くのだろうか。２０１８年に起こった韓国とのレーダー照射問題や、中国の軍拡など、東アジア情勢は胸を張って平和といえる状況ではない。

また世界を見渡しても、中国の通信機器メーカーのファーウェイや、中国製アプリ排除の動きが広がっていて、インターネット時代の「冷戦」が始まりそうな気配もある。[425]

しかしそれが、軍事力の行使を伴った世界大戦のような戦争に発展することは考えにくい。なぜなら、国家を駆動させているのは自国の利益であり、それが戦争によって得られる可能性は低いからだ。

未来の戦争はどうなるのか

かつては領土を広げることが国益となる時代があった。国民の数を増やし、資源を手

425 冷戦時代のソ連は核に代表されるように軍事的脅威ではあったが経済的脅威ではなかった。一方で今の中国は、日本とアメリカを含めた世界の多数の国にとって最大の貿易相手国になっている（田中明彦『ポストモダンの「近代」』中公選書、２０２０年）。

にすることが国家の繁栄と考えられていたからだ。だが、現代国家が手にしたい「利益」はもっと別の場所にある。

　たとえばファーウェイ排斥の動きには、次世代通信規格である5Gの覇権争いという側面がある。覇権争いという意味では、かつての戦争と同じだが、それは軍事力で権利を握れる類いの戦いではない。

　戦争を仕掛けて自国民や他国民を殺して経済を荒廃させるよりも、うまく自国のサービスの利用者を増やしたり、多くの国からデータを取得するといったことのほうが、はるかに国益に直結する。その意味で、本気で武力を用いた戦争をしたいと思っている先進国はないと言っていいだろう。

　日本と韓国間で起こったレーダー照射問題も、韓国が強気な姿勢を崩さないのは、彼らにとって日本が経済的にそれほど重要な国ではなくなったという事情がある。1960年代後半は、韓国の貿易シェアの約4割を日本が占めていたが、今は1割を切った。代わりに最近では、中国が貿易額の4分の1を占めるようになっている。それこそが、韓国が日本に対して「強気」に出られる最大の理由なのだろう。[426]

この世界から暴力が消えつつあることは確かなようだ。今でも悲惨な紛争やテロのニュースは聞こえてくるが、戦争や殺人に巻き込まれる割合だけを考えれば、現代人は歴史上最も「平和」な時代を生きている。

しかしそれは、「戦争」の終結を意味しない。アメリカやEU、ロシアや中国などの国々は、「ハイブリッド戦」の時代に突入しつつある。[427] 兵器だけを用いるのではなく、フェイクニュースやネット世論操作などを用いた何でもありの「戦争」だ。それは時に選挙の結果や金融市場を大きく左右させる。軍事力を行使せずとも、他国を自国にとって有利な状況に誘導できるのなら、それは非常に割がいい。

これからも人類が「戦争」を止めることはなさそうだ。利害関係者の暗殺などが地球上から消えるとは思えない。

---

426 木村幹『歴史認識はどう語られてきたか』千倉書房、2020年。ただし現在の韓国では、日本との歴史・領土問題を提起しても、大統領支持率にほとんど影響を与えなくなっているという。

427 一田和樹『フェイクニュース』角川新書、2018年。フェイクニュースに対する対抗策として盛んに「ファクトチェック」が言われるが、プロパガンダメディアが「ファクトチェック」をすることもあり、何を信頼すべきかは非常に難しい。

しかし、その「戦争」において軍事力行使の可能性が減るなら、それは喜ぶべきことではないだろうか。戦争はなくならないが、「ほとんど誰も死なない戦争」の時代は到来しつつある。

14　歴史語りの日本史

歴史をどのように語るべきか？　歴史に興味を持った時、どのような本を読むべきなのか？

この問いに答えるのはとても難しい。もしもこれが「歴史」ではなく「フォッサマグナ」であれば、比較的答えは簡単だ。まずはブルーバックスあたりが出している本を一冊手に取り、参考文献を手がかりに理解を深めていけばいい[428]。

だが「歴史」となると対象が膨大な上に、イデオロギーも関わってくる。「フォッサマグナ」を理解する上でも論争はあるだろうが、おそらく歴史はその比ではない。学術的な対立に加えて、政治や外交などもその認識に影響してくるからだ。

428　近年の好著は藤岡換太郎『フォッサマグナ』（講談社、2018年）。隠れたベストセラーである。

歴史語りはかくも難しい

歴史をどう語るべきかは、研究者の間でも古くから議論になってきた。歴史家は「それが本来いかにあったか」を描写することが大事だと考えられていた時代もあった。「あるべき歴史」ではなく「ありのままの歴史」を描くべきだというのだ。[429]

当たり前だと思うかも知れない。偏見にまみれた歴史よりは、「ありのまま」の歴史を描くほうがいいに決まっている。

しかし本当にそんなことは可能なのか。歴史家もまた、時代や言語など、様々な価値体系に拘束(こうそく)されている。日本の歴史家が描く歴史はどうしても日本中心になりがちだし、世界のあらゆる出来事を「ありのまま」描くことは難しい。

結果、完全に「正確」な歴史を描くことなど不可能だという問題提起がされるようになった。

429「それが本来いかにあったか」は、18世紀生まれの歴史学者レオポルト・フォン・ランケの言葉。彼は、ヘーゲルなどの観念論、進歩主義を批判し、一つ一つの出来事の個別性、特殊性にこだわった。

今でもしばしば参照される『歴史のための弁明』という古典がある。[430] 同書によれば、歴史家にできるのは、「理解」「分類」「説明」である。ジグソーパズルでいえば、各ピースという断片を研究するのではなく、ピースを組み合わせ、歴史を「説明」することが重要だというのだ。

「ありのままの歴史」を描くことがどれほど困難かは、第二次世界大戦のことを考えてみればいい。戦勝国アメリカはあの戦争を輝かしい出来事として記憶しているし、敗戦国日本では加害者意識と被害者意識がない交ぜのまま戦後70年以上が過ぎた。

20世紀半ば、日本と中国の間で戦争があったことを疑う人はいないだろう。しかし日本がしたのは「進出」だったのか、それとも「侵略」だったのか。どの立場を採用するかで歴史叙述の方法はまるで変わってしまう。

韓国とも戦争中に起こった出来事の解釈が真正面から激突する。

２０００年代には専門家による「日韓歴史共同研究」も実施されたが頓挫している。

他にも日中韓共同で歴史教科書の編纂を進めるチームもあるが、現段階では一部の有志

430 マルク・ブロック『新版　歴史のための弁明』岩波書店、２００４年。初版は１９４９年に発行されている。

による小規模なプロジェクトに過ぎない。[431]

戦前は「縄文時代」なんてなかった

では利害関係者が全て消えた大昔の歴史ならば「ありのまま」に描くことができるのだろうか。実は、それさえも難しいらしい。何と縄文時代の歴史研究さえ、時代の影響を大きく受けるようなのだ。

縄文時代は約1万6000年前から約3000年前まで続いた時代である。[432] 当然、当時の人は、もう誰もこの世界にいない。それにもかかわらず、時代と共に「縄文時代」のイメージはどんどん変わってきた。[433]

そもそも戦前の日本史では、「縄文」「弥生」という区別は重要視されず、両者は単に

431　日中韓3国共通歴史教材委員会は、これまでに『未来をひらく歴史』（高文研、2005年）『新しい東アジアの近現代史』（日本評論社、2012年）を発表している。

432　厳密に言えば、時代の始まりと終わりをいつに設定するかにも、論者の主義や偏見が隠されていることが多い。本書の区分では、土器文化の出現と共に縄文時代が始まり、水田稲作と共に次の弥生時代が始まったと考えている。

433　山田康弘『つくられた縄文時代』新潮選書、2015年。「縄文時代」を歴史社会学的に考察した一冊。

「石器時代」と一括り（ひとくく）にされていた。[434]

それが戦後になると、狩猟採集に頼るしかなかった「貧しい縄文時代」から、大陸からの新しい文化や水田稲作技術によって「豊かな弥生時代」に発展したという歴史観が広がった。敗戦後の欧米文化の流入によって、生活がどんどん豊かになった日本の世相ともマッチした考え方だったのだろう。

オカルトの流行した1970年代になると、遮光（しゃこう）型土器が宇宙人になぞらえられたり、縄文時代の「謎」にスポットライトが当てられる。

そして日本がバブルに踊った1980年代から1990年代にかけては、吉野ヶ里遺跡のブームもあり、縄文時代が格差や階級のないユートピアのように語られた。バブルや海の向こうの戦争に疲れた人々にとって、縄文時代が「癒やし」として機能したのだ。

しかし2000年代になり、格差社会論がブームになる頃には、縄文時代にも実は格差があったという議論が流行する。もちろん、新証拠の発見といった外在的な要素もあった。しかし、このように振り返れば縄文時代のイメージには、明らかにその時代の

434　土器の特徴から「縄文式文化」と「弥生式文化」を区別することはあったが、積極的な時代区分として用いられるのは1960年代以降である。学問的には発展段階説の影響が大きいと考えられる。

「世相」が影響してきたことがわかる。

政治的なイデオロギーから遠そうな「縄文時代」でさえ、これほど時代の影響を受けるのだから、現代に直結する歴史の描き方に、様々な思惑が入り乱れるのは当然だ。その代表格が「明治維新」である。

おじさんが明治維新を愛する理由

明治維新ほど後世の人々に「利用」され続けてきたイベントもない。[435]

一般的に明治維新と言えば、革新的な薩長の若者たちが、古臭い伝統に囚われた江戸幕府を倒し、近代国家の礎を築いた「日本の夜明け」として語られることが多い。

しかし最近の研究では、徳川幕府はアメリカからの黒船来航後、大きな改革を繰り返し、軍制や税制、人事システムの近代化を進めていたことがわかっている。[436] なぜ急ご

435　宮澤誠一『明治維新の再創造』青木書店、２００５年。変わりゆく明治維新像を概観する一冊としては田中聡『明治維新の「嘘」を見破るブックガイド』（河出書房新社、２０１８年）が便利。

436　１８５３年にアメリカからペリーが来航して以来、江戸幕府は矢継ぎ早に「安政の改革」「文久の改革」「慶応の改革」を実施。１８６７年に権力を返上するまでの14年間で幕府の姿は大きく変わった。

しらえの明治政府が全国を統治できたかと言えば、江戸幕府から継承した行政組織が存在したからだ。[437]薩長の「田舎者」だけで政府は運営できっこなかった。

また外国を撃退しようとする声が高まった時も、幕府は徹底して戦争を避け続けようとした。[438]強大な軍事力と全面戦争になったら、日本がひとたまりもないことを理解していたのだ。

では、一体どのように「輝かしい明治維新」「古臭い江戸幕府」というイメージが形成されたのだろうか。もちろん歴史の勝者である明治政府のイメージ戦略や、司馬遼太郎の小説の影響は無視できないが、より本質的には「日本の始まり」をいつに設定するかという歴史観にも関係してくる。

ある共同体に重大な危機が起こった時、しばしば原点回帰が叫ばれる。現代日本の場合、それは「列島にホモ・サピエンスがやって来た4万年前を思い出そう」とはならない。さすがに「神武天皇の時代に戻ろう」も厳しい。

そこで想起されるのが、明治維新なのである。つまり「ジョブズのいた頃のアップ

437 門松秀樹『明治維新と幕臣』中公新書、2014年。
438 保谷徹『幕末日本と対外戦争の危機』吉川弘文館、2010年。

ル」のようなものだ。

何度でも立ち返るべき原点として明治維新を想起する人が多いのである。

実際、明治10年代には早くも「第二維新」運動が起こっているし、その後も「大正維新」や「昭和維新」を求める声が盛り上がった。1992年に発足した「平成維新の会」や、2010年に誕生した「大阪維新の会」の名称からもわかるように、現代でも社会の危機を訴える人々は、決まって「維新」を引き合いに出す。

明治維新は、近代日本における唯一自前の「革命」とも言える。その意味でも、変革を求める人々は何度でも明治維新に遡るのだ。

歴史教科書に書かれていることは本当か

このように、しばしば歴史は後世の人々に「利用」される。たった一つの真実として歴史を描くことは不可能に近い。

そもそも「歴史」の捉え方も人によって大きく違う。

たとえば1990年代末に『国民の歴史』という一般向けの歴史書がベストセラーに

なった。[439]同書では「歴史」は「科学」ではないと宣言されている。「歴史」とは「人間の知恵の集積であり、現代に生きるわれわれの未来への希望や不安や欲求と切り離せない、人間的解釈の世界」だというのだ。ロマンたっぷりの宣言であるが、このように言われてしまうと、「歴史書」と「歴史小説」は限りなく近いものになる。

オーソドックスな「歴史書」は、先行研究や史料を根拠とした上で、それを批判的に検討することで成立している。[440]そのため専門家の書く歴史書は、多くの場合「うじうじ」している。「武士の成立」や「織田信長暗殺の真実」といったポピュラーなテーマに対しても、ある解釈だけを唯一の正解と打ち出すことは中々ない。[441]それは歴史学に

439 西尾幹二『国民の歴史』産経新聞社、1999年。当時、アジア太平洋戦争を含めた日本の近現代史を肯定的に評価する市民運動が盛り上がっていた。その中心にいたのが西尾も設立者の一人に名を連ねた「新しい歴史教科書をつくる会」である。現在「ネトウヨ」と呼ばれる人々の思想的源流も「つくる会」にあると言っていい。

440 小田中直樹『歴史学ってなんだ?』PHP新書、2004年。

441 単純明快な因果関係だけで歴史を説明すると陰謀論に接近していく（呉座勇一『陰謀の日本中世史』角川新書、2018年）。

限らず、社会科学の基本的な手法である。[442]

一方の『国民の歴史』が描くのは著者の信じる「正史」であり、専門家が記す「歴史書」特有の割り切れなさはない。

しかし考えてみれば、教科書も様々な「史実」が断定的に書かれている。ある小学生向けの教科書を見てみよう。

「いっこうによくならない世の中をなげいた聖武天皇」「豪族は、領地を守るために武芸にはげみ、武士となりました」「オリンピックの成功は、国民に自信をあたえ、産業がさらに発展するきっかけになりました[443]」。

教科書の執筆には多くの歴史学者が関わっているだけあり、珍説（ちんせつ）が掲載されることは少ない。それでもケチはいくらでもつけられる。本当は武士の成立には諸説があるし、1964年の東京オリンピックが本当に「成功」したのか、それが「国民」の「自信」

442　再現性という点で、歴史学を自然科学と同列に考えるのには多くの批判も存在する。これは歴史学だけではなく、人文学や社会科学が共通して抱える問題である。

443　『新編　新しい社会6（上）』東京書籍、2015年。

や「発展」のきっかけになったのかは検証のしようがない[444]。

このように多くの「史実」が断定的に記載された教科書は、学習効率を高めてくれる。しかし、教科書を読むことばかりが、歴史を学ぶ唯一の方法ではない[445]。

歴史とは、権力を示すための装置

「歴史」という言葉の成り立ちを考えると、歴史認識のすりあわせが困難な理由に納得がいく。

「歴」という漢字は「暦」と対をなす言葉だが、もともとは軍功を重ねることを意味し、「権力」や「暴力」の象徴だったという。そして「史」は「神に捧げものをする史祭」に由来する[446]。

古代日本でも、歴史書は過去の政(まつりごと)を記録し、支配を正当化するために書かれてきた。

444 高度成長はオリンピック開催前から始まっており、人口ボーナスやキャッチアップ型近代化の恩恵のほうが、ただのスポーツイベントより大きいと考えたほうが理解しやすい。

445 しかも多くの教科書や通史は退屈でつまらない。そういえば、ある保守系政治家の書斎に入った時、『国民の歴史』を見つけたことがあるが、全く読んだ形跡がなかった。

446 佐藤卓己『ヒューマニティーズ　歴史学』岩波書店、2009年。

現存する日本最古の「正史」である『日本書紀』も、内外に自分たちの権力を示すために編纂（へんさん）されたといっていい。[447]

現代日本で、総理大臣や政治家が「偉い」のは、憲法や法律といったルールに則って実施された選挙を経ているからである。しかし民主制を採用していない古代日本では、権力者の「カリスマ性」や政権の「伝統」を示す必要があった。

そこで古代の権力者は、自分たちを神様の末裔（まつえい）ということにした。『日本書紀』は、天皇家だけではなく、その周囲の権力者の地位や権力も正当化した。ある一族は、元々は神の子孫であり、長年天皇家に仕えてきた、だから今でもすごいのだ、という具合である。神話に矛盾や虚偽が多いのは、当時の有力者の大半を満足させる内容の歴史書を作る必要があったからだろう。

伝統ある企業の社史編纂の様子を思い浮かべてみるといいと思う。創業家社長の肝（きも）いりで社史を作ることになった。自分たちの企業がいかに歴史と伝統があるかをアピール

447『日本書紀』の完成は720年だが、6世紀半ばには『帝紀』『旧辞』といった歴史書が成立していたと考えられる。稲荷山古墳出土鉄剣に見られるように、地方でさえ系譜を文字化していたのだから、『帝紀』の成立を5世紀後半と考える研究者もある（関根淳『六国史以前』吉川弘文館、2020年）。

したいというのだ。

しかし調べてみると、創業者から現在の社長の間で系譜が途切れていたり、資料が一切ない時代もある。また「創業家と代々縁が深い」という理由で会社に食い込んできた幹部も、調べてみると何の証拠もなかったりした。

ここで社史編纂室は選択を迫られる。本当に確かなことだけを書くのか。それとも多少の飛躍や嘘を交えても、社長や幹部の顔色を見ながら社史を作るのか。

『日本書紀』の場合は、当然後者だった。もちろん全くの嘘だと他社やかつて吸収合併した企業の社員に突っ込まれる危険もあるから、適度なバランスは取る。どうにもまとまらない箇所に関しては、複数の説を紹介することにした。

こうして720年に完成した『日本書紀』から、901年に完成した『日本三代実録』までを合わせて六国史という。[448] 国家事業として作成された歴史書には、歴代天皇

448 『日本書紀』（720年）『続日本紀』（797年）『日本後紀』（840年）『続日本後紀』（869年）『日本文徳天皇実録』（879年）『日本三代実録』（901年）を六国史と呼ぶが、当時の呼称ではない。

のバイオグラフィーから彗星(すいせい)の出現記録までが記されている。[449]

トンデモ解釈の歴史

『日本書紀』などの歴史書はどのように読まれたのだろうか。もっぱら先例を参照するための手引きとして活用されたようだ。同じことの繰り返しが重視された貴族社会では、過去の政務情報が重宝されたのである。

そして歴史書自体も、今でいう官報をまとめたような書物になっていた。国がある程度成熟してくると、『日本書紀』の目的だった、国家の正当性をわざわざアピールする必要もなくなったのだろう。

時代が下ると、個人として日記を残す天皇や貴族も増えていく。日々の政務のことはもちろん、官僚の略歴を記すような日記もあった。こうなると、国家が「正史」など残

449　一方で、木簡に記録されていただろう事務情報や恒例行事は収録されていない。六国史に関しては、遠藤慶太『六国史』（中公新書、２０１６年）を参照した。

さなくても、必要な情報は日記で入手できるようになる。[450]

結果として、『日本三代実録』以降は、国家事業として「正史」が編纂されることはなくなった。正式に打ち切りが決定されたわけではなく、ただ必要がなくなったのだ。

その後の日本ではついに国家主導の「正史」が編纂されることはなかった。「大日本は神の国なり」で始まる『神皇正統記（じんのうしょうとうき）』や、水戸徳川家によって編纂された『大日本史』など、影響力を持つ歴史書は執筆されてきたが、「正史」というわけではない。

しかし中世になると『日本書紀』は、元々の編纂者が想像もしなかっただろう、エクストリームな解釈がされるようになる。天照大神（あまてらすおおみかみ）が列島各地に飛来したり、国常立尊（くにのとこたちのみこと）が究極の根源神とされたり、トンデモ珍説が流行するのだ。その説の支持者の中には天皇自身もいたという。[451]

450　また『源氏物語』や『栄花物語』などの文学作品も、中世には「歴史書」としても活用されたようだ。実際の出来事を下敷きにした箇所も多く、研究も盛んだった。

451　15世紀、後土御門天皇は吉田兼倶の神道講義を好んだ。戦乱（応仁・文明の乱）が続く時代、公家社会の人々が救いを求めて「神道の復興」を希求したと考えられている。このような神道教義に立脚した「中世日本紀」など読む価値がないとされた時代もあるが、今では貴重な研究対象となっている。詳しくは、山下久夫ほか編『日本書紀一三〇〇年史を問う』思文閣出版、２０２０年。

「お国」のための歴史教育

1868年に明治政府が誕生して以降、再び『日本書紀』や『古事記』にスポットライトが当たることになった。武家政権に代わり「天皇」を中心とした国家を形成するために、天皇が直接の指導者だった古代を参照せざるを得なかったからである。[452]

『小学日本史略』や『国史教科書』など明治時代の子ども向け歴史教科書の冒頭は、まるで『日本書紀』や『古事記』のダイジェストのようである。[453]

特に『小学日本史略』では、鎌倉時代になっても記述は天皇が中心で、「幕府」という言葉さえも出てこない。さらに驚いてしまうのは、教科書が「天之御中主神（あめのみなかぬしのかみ）」の登場や「天地剖判（てんちほうはん）」など、本当に神話から始まるのである。[454]

日本で弥生土器が発見されたのは1884年なので、1883年発行の『小学日本史

452 及川智早『日本神話はいかに描かれてきたか』新潮選書、2017年。
453 教科書本文は国立国会図書館デジタルコレクションで閲覧できるが、当時の教科書事情をコンパクトにまとめた福田智弘『今じゃありえない!! 100年前のビックリ教科書』（実業之日本社、2017年）がおすすめ。
454 「天之御中主神」は『古事記』で最初に登場する神、「天地剖判」とは天地が二つに分かれること。

略』に考古学的記述がないのは仕方ない。

しかし1927年発行の『尋常小学国史』も、「天皇陛下の御先祖を天照大神と申す」から始まり、考古学の知見が一切反映されていない。

そもそも8世紀の『常陸国風土記』には貝塚の記述があり、1716年には新井白石が石器論を記していて、日本列島にいつから人間が住んでいたかに対する興味は古くから存在した。[455] また1877年に海外の動物学研究者が、東京にある大森貝塚の発掘をしてからは、科学的な「日本民族論」も盛んに語られるようになっていた。[456]

「日本民族論」もまた、日本のアジア支配を正当化するために用いられたが、小学校の教科書レベルでは、神話が「歴史」として教えられていたのである。

それは「天皇」の正当性の根拠が、神話から始まる長い歴史だったからだ。

『尋常小学国史』の最終章「国民の覚悟」では、日本では「万世一系の天皇」が常に国民に対する慈しみを持ち続け、「国民」は「朝廷」に忠誠を誓わなければならないと述

455 新井白石は『古史通』の中で、神は人であったという前提に立ち、歴史書を精査している。

456 エドワード・モースは大森貝塚を調査、列島の古代人に食人風習があったと主張した。日本民族論について詳しくは小熊英二『単一民族神話の起源』（新曜社、1995年）を参照。

べられている。[457]

現場の教員は苦労していたようだ。ある小学校教員は天孫降臨（てんそんこうりん）の話をした時に、子どもから「天から降りるって落っこちはしませんか」「先生、飛行機ならいいですね」と質問を受け、答えに窮したらしい。

科学の洗礼を受けた時代に神話を事実のように教えることには無理があった。しかし戦争末期になると「先生そんなのうそだっぺ」と発言した児童に対して、教員が「貴様は足利尊氏（あしかがたかうじ）か、とんでもない奴だ」と木刀で暴行をした記録も残されている。[458]

このような嘘にまみれた歴史観に対する反発は、戦後歴史学の原動力となってきた。しかしそこでもマルクス主義が強い影響を持ったりと、常に日本史の描かれ方は変遷してきた。

457　ベストセラーになった百田尚樹の『日本国紀』（幻冬舎、2018年）が『尋常小学国史』と比べれば、非常に現代的で科学的な本ということがわかる。「神話とともに誕生し、万世一系の天皇を中心に、独自の発展を遂げてきた、私たちの国・日本」を描くと宣言しながらも、きちんと「縄文時代」から始まっている。

458　古川隆久『建国神話の社会史』中公選書、2020年。

現代人が『日本書紀』を読める理由

権力者の正当性を示す歴史、国民を扇動するための歴史、そして科学的な態度を目指す歴史。一言に「歴史」といっても、そこには様々な種類がある。

これからも歴史叙述のスタイルは変わり続けていくのだろう。もはや先史時代の説明に進化生物学や行動遺伝学の知見は欠かせなくなった。

一方で変わらないのは、歴史が残されたものを根拠に語られる営みだということだろう。歴史書などは「残したもの」、遺跡やゲノム情報などは「残ったもの」という違いはあれど、情報の真空地帯から歴史を描くことはできない。

その意味で、たとえどんな意図で編纂されたものであれ、『日本書紀』や『古事記』などが現代まで受け継がれてきたことは、僥倖と言っていい。印刷技術のなかった時代、本は全編を手で書き写すことでしか複製できなかった。しかもクラウドにデータ保存もできないのだから、災害や戦争に遭えば本はたちまち散りうせてしまう。

『日本書紀』などの歴史書は、いくつかの家や、特に熱心な個人の尽力によって現代にまで伝えられた。それでも六国史の三番目『日本後紀』は全40巻のうち4分の3は発見されていない。応仁の乱で散逸してしまったのだ。逆にいえば、現存している他の歴史書も、同じような歴史をたどっていてもおかしくなかったということだ。[459]「残す」とは容易いことではない。この国は、近代になっても残すことに貪欲ではなかった。1945年の敗戦では占領軍が来るまでの間に戦争に関する多くの資料が焼却処分された。[460]さらに21世紀になっても公文書の改竄、統計の不正といった不祥事が発覚している。

ただし、いくら国家が「嘘」をついたところで、現代の事象が未来にまるで伝わらないとは考えにくい。国中の人がスマートフォンによって日々、膨大なアーカイブを残しているからだ。未来の歴史学者は、資料の少なさではなく、その多さに苦しめられることになるだろう。

459　たとえば『日本書紀』が早くから失われていた場合、古代史を今以上に、隣国の歴史書や考古学的資料などから調査するしかなくなる。寺院などの建造物、古墳などから王権の成立過程はある程度推測できても、『天上の虹』などの漫画は生まれていなかったはずだ。

460　「占領前　文書焼却を指示」『読売新聞』2015年8月10日朝刊。同様の証言は枚挙にいとまがない。

そして歴史は続いていく

当然、この本も完全に中立な歴史を描けたわけではない。

本書では「古代」（まとまる）「中世」（崩れる）「近代」（再びまとまる）という長期スパンでの時代区分を用いると、日本史が理解しやすくなると説いてきた。無理やり要約すると、以下のようになるだろうか。

約4万年前に日本列島に訪れた人類は、長い間、おおむね平和な生活を送っていた。しかし約3000年前（紀元前10世紀頃）からコミュニティが発達し、戦争も増えていく。そのような元祖「戦国時代」を経て、3世紀頃には列島を緩やかに支配する王権が生まれていた。7世紀、彼らは最高権力者を「天皇」と称し、国号を「日本」と定める。この列島が一つにまとまろうとした時代を「古代」と呼ぶ。

だが「古代」は理想が高すぎた。12世紀頃から「天皇」「上皇」「貴族」「武士」「寺社」など複数の権力が併存する「中世」へと時代は移っていく。中央の力が弱まったこともあり、地方が発達した時期でもある。16世紀の戦国時代を経て、17世紀から再びこの国は緩やかにまとまっていく[461]。

そして19世紀後半から西洋から導入した思想や技術を用いて、本格的に国家が一つにまとまる。一般に「近代」と呼ばれる時代だ。大きな戦争には負け、数え切れない犠牲者を出した。しかし列島史上、例を見ない経済成長を遂げ、豊かな人が増えた時代でもある[462]。

このような「まとまる→崩れる→再びまとまる」という歴史観は、あくまでも一つの視点に過ぎない。古代を評価しすぎという声もあるだろうし、結局は民衆史を軽視していると批判されるかも知れない。

より根源的には、そもそも「日本史」など存在するのかという問いがあり得る。

本書で描いてきたように、古代から現代に至るまで、この国の形は何度も変わってきた。1000年以上にわたって天皇家は存続してきたとはいえ、7世紀と19世紀と21世紀の「日本」はまるで違う。

461　いわゆる江戸時代のことだが、日本では「近世」、英語では「前期近代」と区分されることもある（4章）。

462　「近代」と「現代」を分ける場合、一定の近代化を達成した1970年頃が画期とされることが多い。それ以降を「現代」ではなく「後期近代」と呼ぶ研究者もいる。

それでも現代人がそれぞれの「日本」に連続性を見いだせるのは、「歴史」があるからに他ならない。

もちろん、このようにも言える。通史としての「日本史」が成立するのは、現代人が「日本」や「日本人」という虚構（設定）を信じ切っているからだ、と。後に日本領土となる場所に住んでいたというだけで、縁もゆかりもないはずの大昔の人々に親しみを感じるから、本書のような「日本史」が流通している。

しかし、そうした営みは突然に始まったわけではない。この章で書いてきたように、権力者たちは古代から歴史に興味を持ってきた。文字に残らなかっただけで、各時代を生きた人々も、何らかの形で歴史に関心を抱いただろう。世界中に伝わる神話や伝承の存在が、そのことを裏付けている。

いつか「日本史」が消え、「世界史」や「地球史」に統合される日が来るかも知れない。もしくは「矢来町史」や「紀尾井町史」のように、よりミクロな歴史が注目される時代が来てもおかしくない。[463] 歴史の前に、「日本」や「矢来町」といった区分はあま

463　ＡＩがオーダーメイドで、読者の個人情報や住所に合わせた「あなたのための歴史書」を編集してくれるようになるかも知れない。

り重要ではない。

歴史とはつまるところ、証拠と推論の組み合わせによって織りなされる叙述である。誰かが何かを残し、それを守る人がいたから、歴史は続いてきた。歴史を読み書きするのは、この営み(いとな)みに参加することに他ならない。この本を読むことも同じだったはずだ。そうやって歴史は続いていくのである。

あとがき

最近は『平成くん、さようなら』や『アスク・ミー・ホワイ』など小説を続けて書いてきたから、社会や歴史をテーマにした真面目な本は久しぶりだ。

たぶん小説家なら誰でも知っているのだが、読ませる物語にはセオリーがある。それは主人公に明確な目的があること。彼や彼女が何をしたいのかが明白であること。その目的に向かって、主人公が活躍する物語であること。そうでないと、読者は「これって何の物語なの」と置いてきぼりを食ってしまう。最近の純文学にはそのような作品が多いと思うが、この本も誰が読んでいるかわからないので悪口は止めておこう。

わかっていても実際にそのようなストーリーを書くのは難しいのだが、日本史の教科書とは、典型的なつまらない小説のようだと思う。

一人の主人公がいるわけではない。明確な目的を持つ魅力的な登場人物が現れることもあるが、主役はすぐに交代していく。だから頑張って読み進めても、何の話をされているかわからなくなっていく。

翻って「織田信長」や「坂本龍馬」が人気なのは、彼らに明確な目標がある（ように見える）からだ。英雄たちに焦点を当てた作品が量産される理由はよくわかる。

だけど本書に、ほとんど英雄は登場しない。むしろ固有名詞を使うのを意図的に避けてきた。そのせいで誰かに感情移入して読むことは難しい本になった。

代わりに、小説では難しい気持ちよさを意識しながら書いた。それは、まるで神様のような俯瞰した目線で、できるだけ巨視的に歴史を描くということだ。

僕は子どもの頃、架空の街の地図を描くのが好きだった。細かな出来事を捨象してでも、全貌を把握することには特有の快感がある。

同じ理由で、新しい街へ行くと、必ずタワーや超高層ビルの展望台に上ってしまう。展望台から、街に住む一人一人の顔や生活を知ることはできない。代わりに、人々の織りなす日常が重なり、有機的に結びついた「街」そのものを見ることができる。

この本でも、何とか「日本」そのものを描こうとしてきた。展望台から東西南北が見晴るかせるとして、東と西がまるで違う街ということは珍しくない。1000年前の日本と今の日本も同じ「日本」ではない。しかし、それを同じ「日本」として描けてしまうことが、展望台目線の特権である。

本書の試みがどれだけ成功したのかはわからない。展望台から降りてからも、そこで見えた景色が何らかの役に立てばと思う。


本を「あとがき」から読む人は多い。僕なりに理由を分析すると、そこには著者の目的や、人間らしさが一番色濃く滲んでいるからだと思う。書き手の人間性を理解してからだと、難解な学術書も読み進めやすくなる（気がする）。

最後に本書の執筆のきっかけに触れておこう。

あれは2017年6月のことだ。夏至の時期に合わせてポーランドへ行く予定だったのだが、祖母が体調を崩し旅行の予定をキャンセルした。空いてしまった時間で、まず手に取ったのが『サピエンス全史』だった。もっぱら本は速読しかしないのだが、何せ暇なので時間をかけて読んだ。こんな風に歴史を描く方法もあるのかと気付き、似たことを日本史でもできないかと思った。

しかし歴史学者でもない人間が通史を書くのには躊躇もあったし、『サピエンス全史』

のような上下巻で600ページもあるような本を書く気にもならなかった。日本史というジャンルは消えないだろうから、執筆はもっと先でもいいと思った。

折しも、僕は初めての小説を書き始めた頃だった。余計に日本史は後回しでもいいかと考えたのだが、固有名詞を回避した巨視的な歴史を書いてみたいという気持ちが拭えなかった。事後的な解釈だが、極めて個人的な経験や感情を描くことになった小説と、思考の上でバランスを取りたかったのかも知れない。「彼は本当は優しい」というタイトルで発表した初小説は、祖母について書かれたものである。

本書のもとになったのは『新潮45』と『波』での連載だ。若杉良作さんと出来幸介さんが面白がってくれて企画が立ち上がった。途中からは西山奈々子さんが担当を引き継いでくれた。新書化に当たっては後藤裕二さんのお世話になった。

挫折せずにここまで読んでくれた人がいて嬉しい。「あとがき」から読み始めた人も、どうか挫折しないで再びこの「あとがき」にたどり着いてくれますように。

JASRAC 出 2007366-001

初出　『新潮45』２０１８年1月号～同年10月号
『波』２０１８年12月号～２０１９年3月号
書籍化にあたり、加筆・修正しました。

古市憲寿　1985（昭和60）年生まれ。
社会学者。慶應義塾大学SFC研究
所上席所員。同世代を代表する論
客としてメディアでも活躍。著書
に『絶望の国の幸福な若者たち』
『平成くん、さようなら』等。

Ⓢ新潮新書

876

絶対に挫折しない日本史

著者　古市憲寿

2020年9月20日　発行
2021年1月15日　7刷

発行者　佐藤隆信
発行所　株式会社新潮社
〒162-8711　東京都新宿区矢来町71番地
編集部(03)3266-5430　読者係(03)3266-5111
https://www.shinchosha.co.jp

印刷所　錦明印刷株式会社
製本所　錦明印刷株式会社

ISBN978-4-10-610876-1　C0221